CB069257

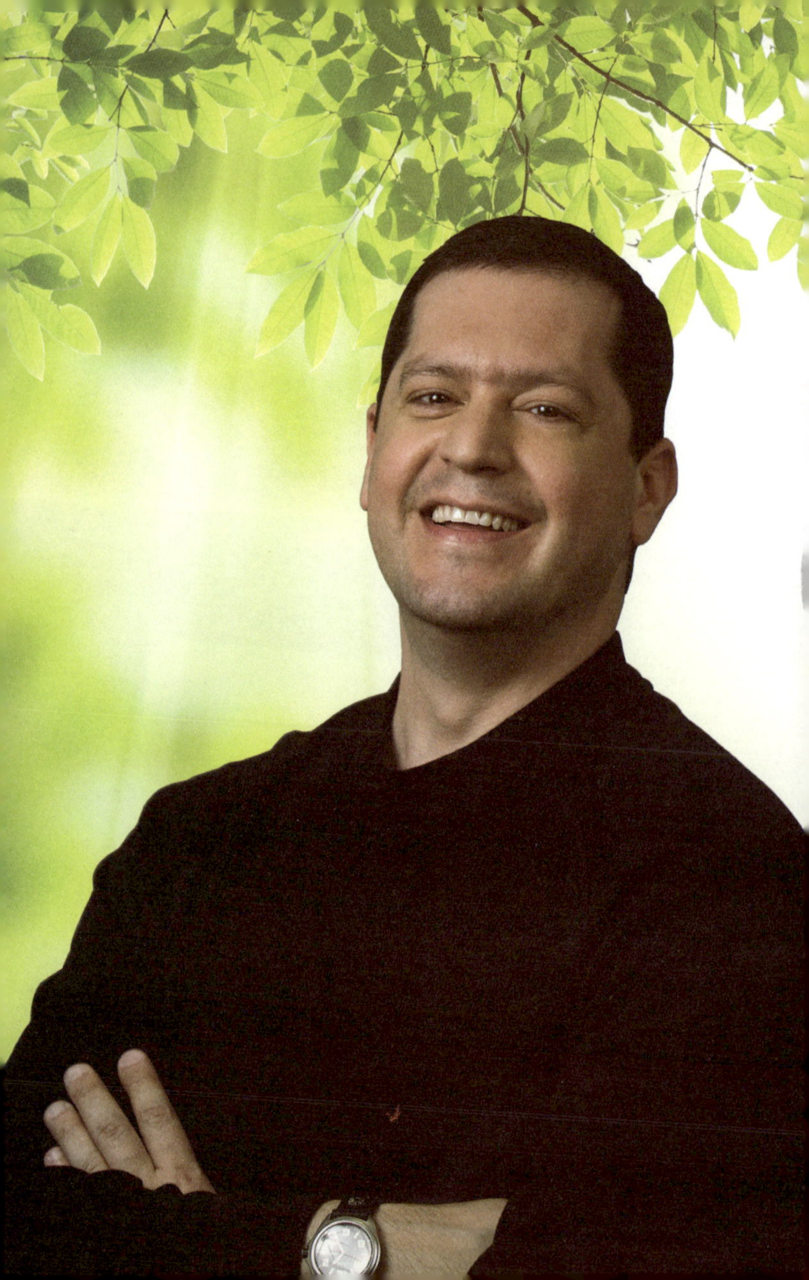

Marcelo Cezar

Nascido e criado às margens plácidas do Ipiranga, Marcelo Cezar é um dos escritores espiritualistas mais lidos e admirados da sua geração. Por meio de uma narrativa leve e descontraída, seus romances enfatizam a espiritualidade de maneira natural e proporcionam entendimentos para uma vida melhor. Com mais de um milhão de livros vendidos, é autor de vários *best-sellers*. Seu romance *Ela só queria casar...*, lançado em 2012, vendeu mais de 100 mil exemplares. Já publicou, pela Editora Vida & Consciência, catorze romances.

© 2013 por Marcelo Cezar
istockphoto/ © Catherine Lane

Capa: Vitor Belicia
Projeto Gráfico: Vitor Belicia
Preparação: Mônica Gomes d'Almeida
Revisão: Cristina Peres e Sandra Custódio

1ª edição — 1ª impressão
10.000 exemplares — outubro 2013
Tiragem total 10.000 exemplares

Dados Internacionais de Catalogação na Publicação (CIP)
(Câmara Brasileira do Livro, SP, Brasil)

Cezar, Marcelo
Momentos de inspiração com Marcelo Cezar. —
São Paulo : Centro de Estudos Vida & Consciência Editora, 2013.

ISBN 978-85-7722-274-2 (capa dura)
ISBN 978-85-7722-270-4
1. Espiritualidade 2. Livros de frases
3. Reflexões I. Título.

13-11046	CDD-808.882

Índices para catálogo sistemático:
1. Frases : Reflexão : Literatura 808.882

Todos os direitos reservados. Nenhuma parte desta edição pode ser utilizada ou reproduzida, por qualquer forma ou meio, seja ele mecânico ou eletrônico, fotocópia, gravação etc., tampouco apropriada ou estocada em sistema de banco de dados, sem a expressa autorização da editora (Lei nº 5.988, de 14/12/1973).

Esta obra adota as regras do novo acordo ortográfico (2009).

Editora Vida & Consciência
Rua Agostinho Gomes, 2.312 – São Paulo – SP – Brasil
CEP 04206-001
editora@vidaeconsciencia.com.br
www.vidaeconsciencia.com.br

Momentos de inspiração
com Marcelo Cezar

Autor com mais de 1 milhão de livros vendidos, Marcelo Cezar reúne suas frases mais encantadoras, além de outras inéditas, que vão encher sua vida de positividade, alegria, entusiasmo e bem-estar. Reflita com essas belas palavras e deixe os bons pensamentos guiarem você no dia a dia.

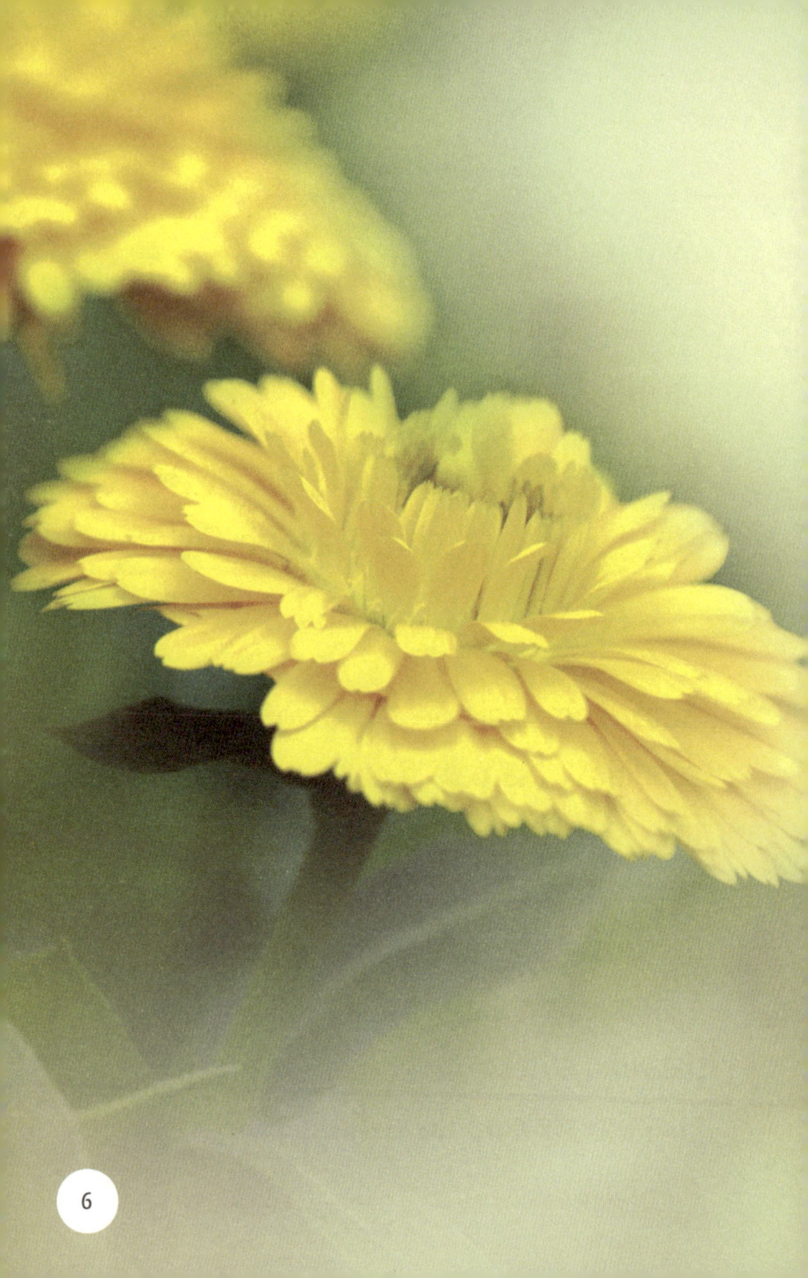

Cada um é responsável por si.
A vida lhe deu a possibilidade
de fazer escolhas, de decidir
o que é melhor para você.
Mas lembre-se: se agora não
sabe o que fazer, diga não.
Serene o coração e amanhã,
com certeza, terá mais força
para decidir. Sempre pelo seu
melhor, é claro.

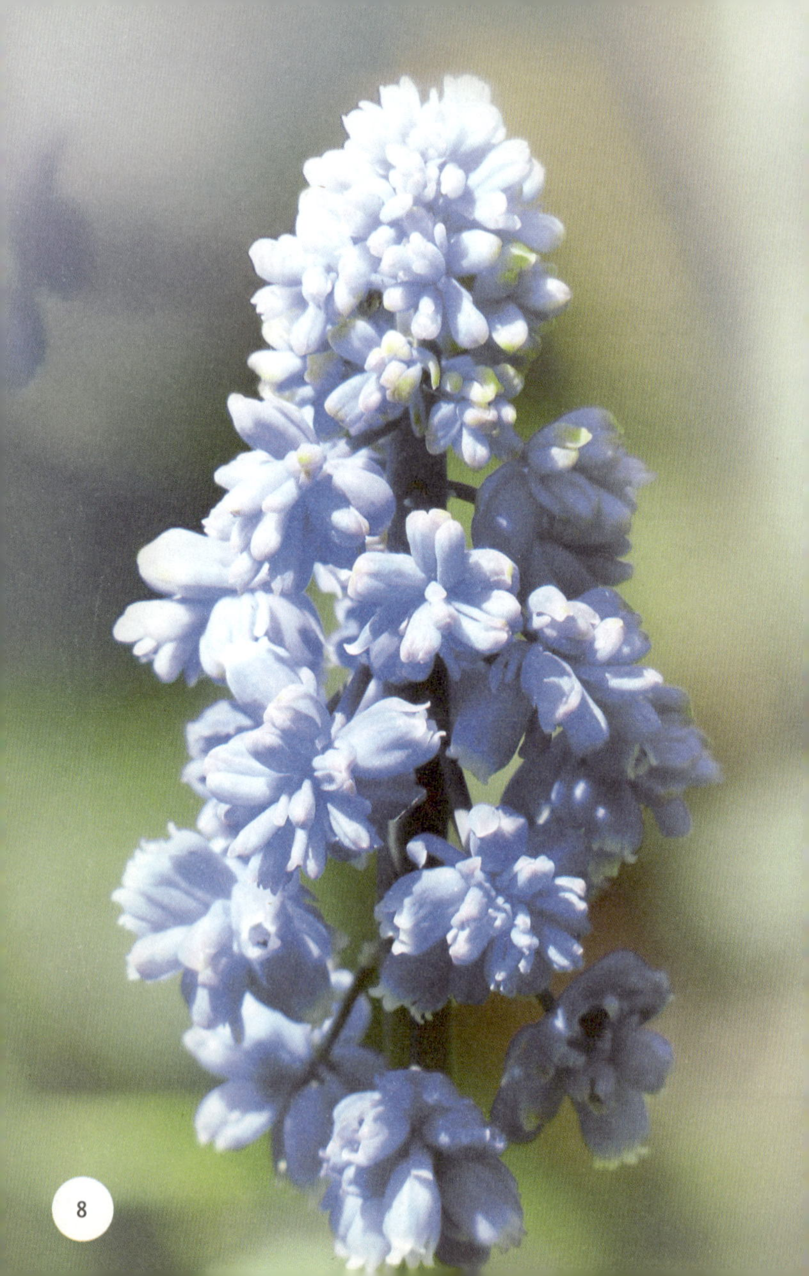

A vida nunca se engana.
Ela sempre faz o certo.
O homem engana,
mata, tripudia sobre os
outros e se esquece da
imortalidade da alma.
Ignora que está vivendo
de acordo com as leis da
vida, ou seja, tudo o que
fizer de bom ou ruim,
voltará para sua vida.

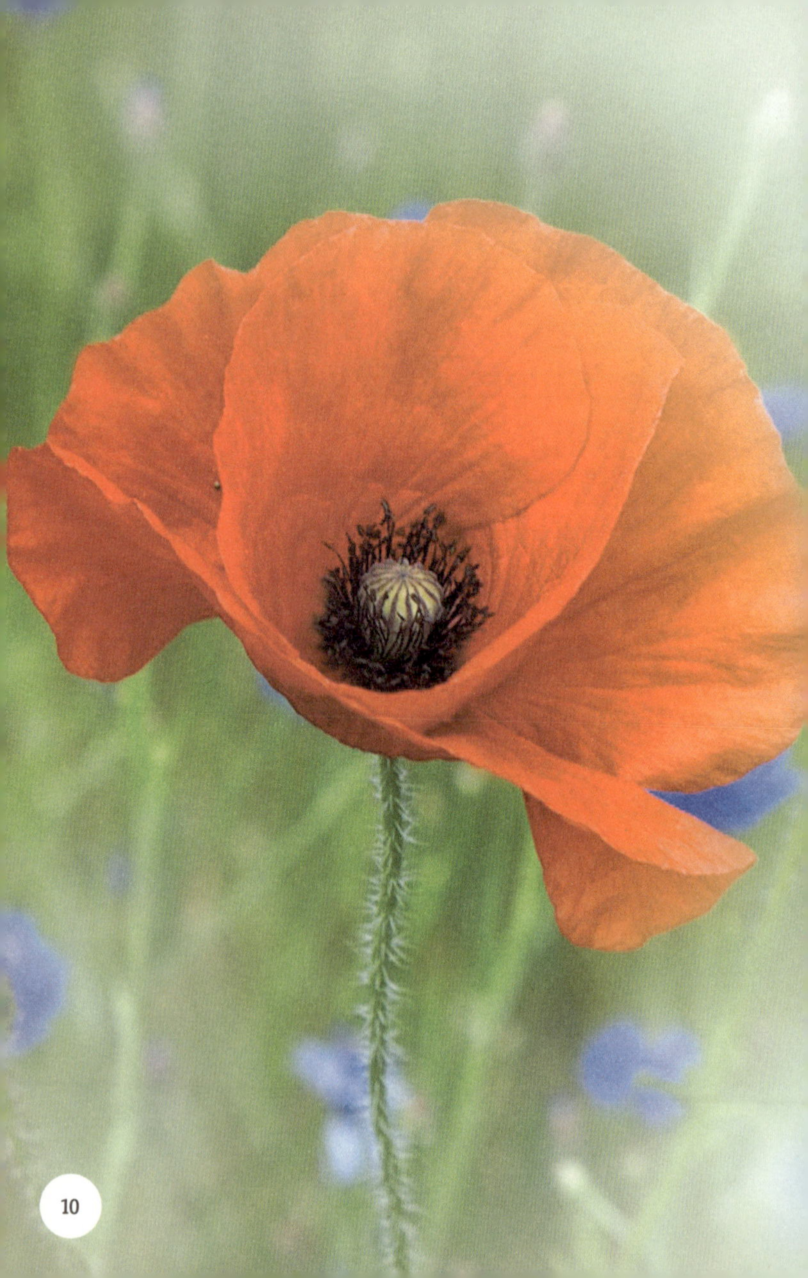

O sofrimento às vezes se faz necessário. Ele nos faz crescer e nos tornar mais fortes. Nada está perdido. Tudo é experiência e aprendizado. Afinal, temos muitas vidas pela frente.

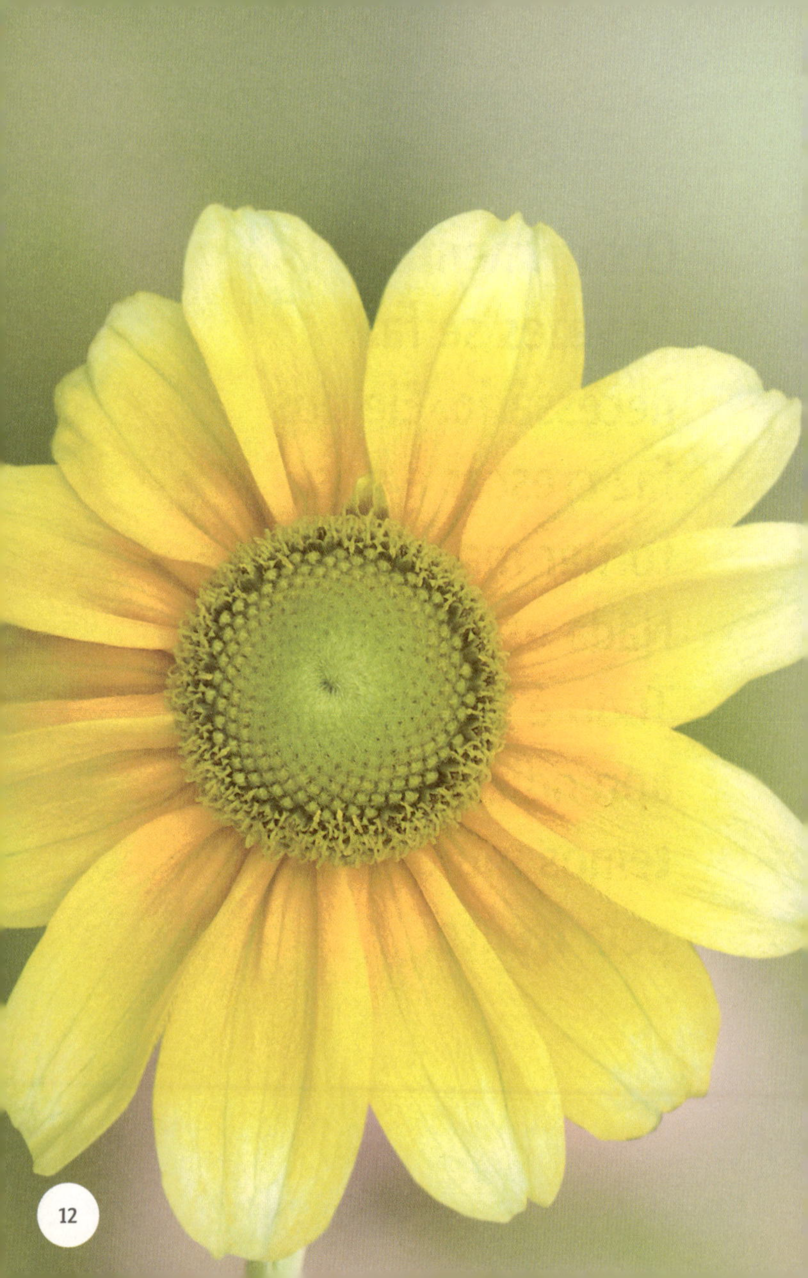

Reencarnamos para a felicidade. Esta é a verdadeira missão do nosso espírito. O que você pode fazer hoje para se sentir mais feliz? Sorrir, cantar, telefonar para um amigo querido, dizer ao seu filho que o ama? Não importa, desde que esse ato lhe provoque enorme sensação de alegria e bem--estar. Este é o primeiro passo da sua missão...

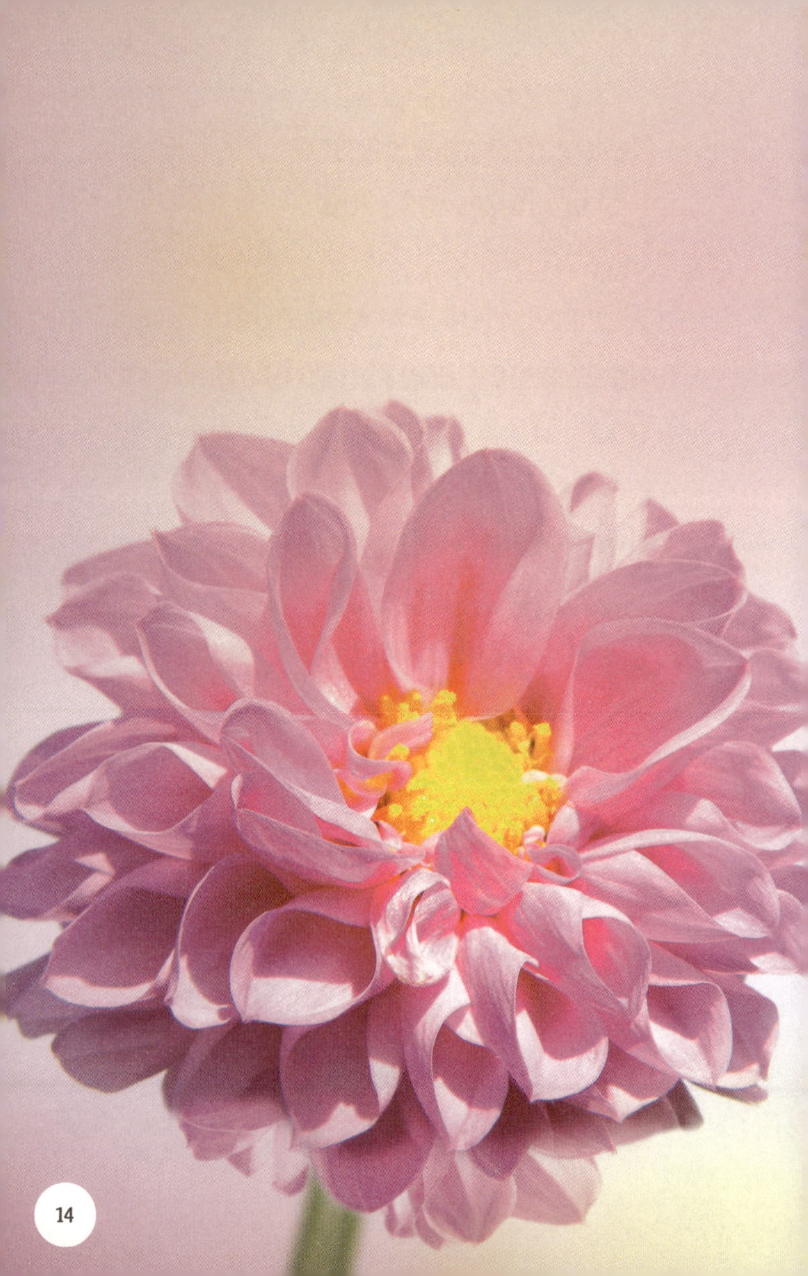

A vida nos ensina que não temos necessidade dos outros, e sim da gente, mostrando que a fonte de segurança é o nosso espírito. Fortalecendo essa ligação, não dependemos de ninguém. Podemos amar, conviver e nos relacionar com as pessoas, mas para trocar afeto e estreitar os laços da boa convivência. Mas o poder de decidir, de escolher o melhor para a nossa vida é tarefa nossa de mais ninguém.

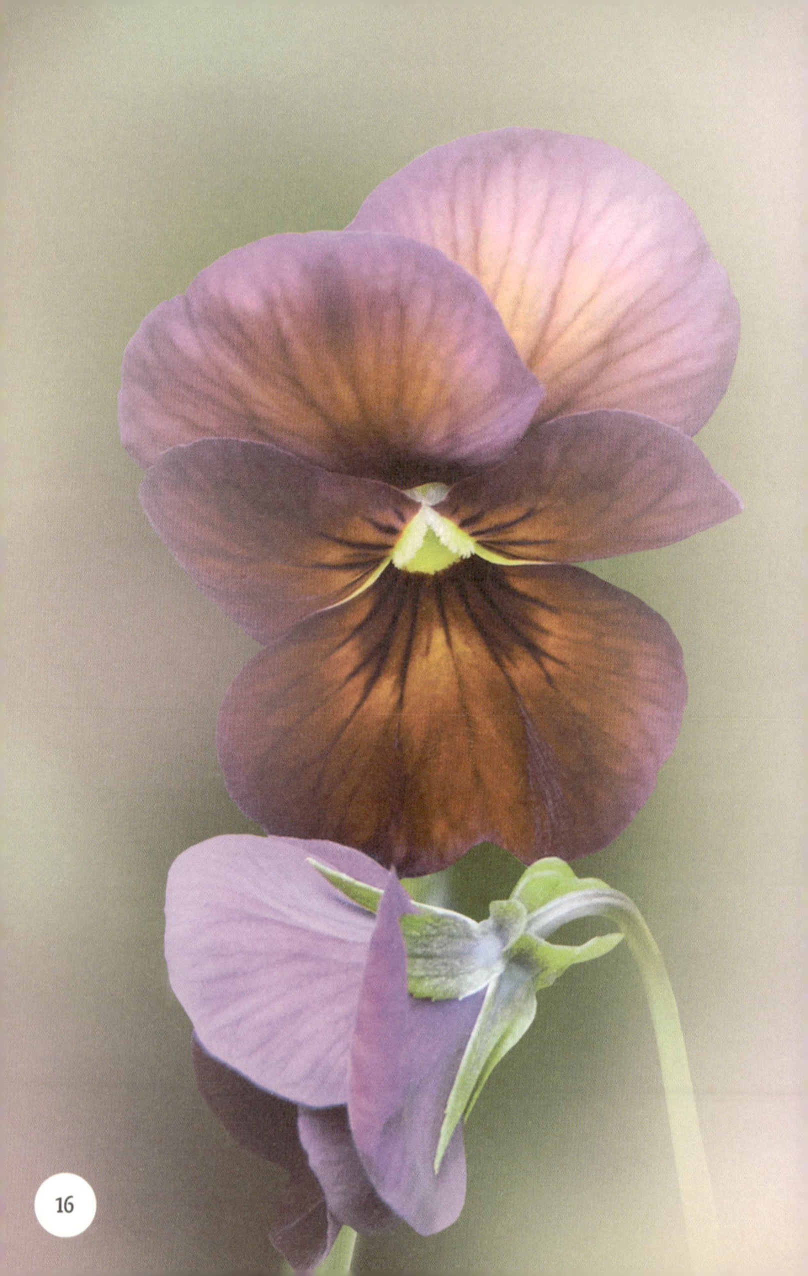

Todas as pessoas e acontecimentos que passaram pela sua vida tiveram uma razão de ser. Mesmo que tenha passado por momentos ruins, isso ajudou você a chegar até aqui. Por isso liberte-se do passado e dê uma chance para a felicidade aparecer em seu caminho. Você merece ser feliz.

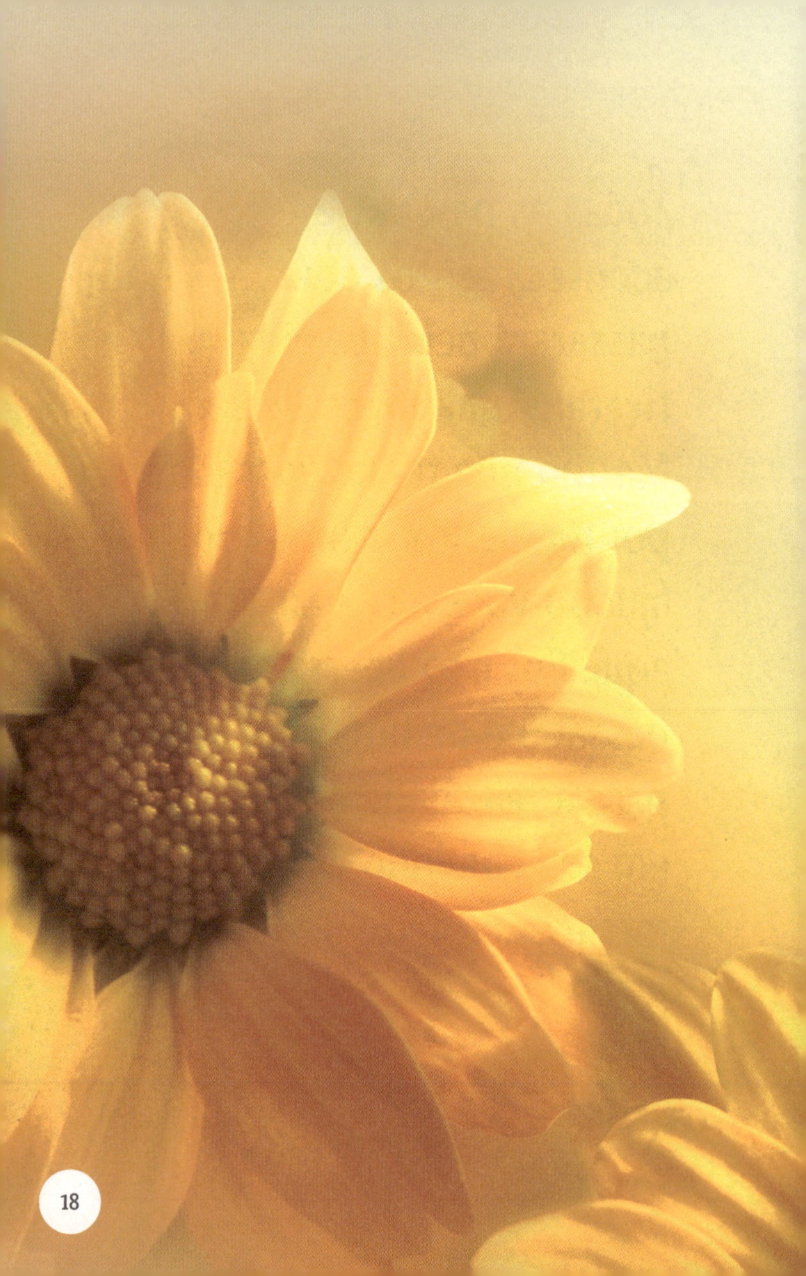

O que custa tentar dar um passo à frente, mudar e crescer? Às vezes, estamos a um passo da felicidade e mal notamos, porque nos recusamos a mudar um ponto de vista, uma crença.
A flexibilidade nos ajuda a levar a vida de maneira menos rígida, abrindo espaço para que verdadeiros milagres aconteçam no nosso cotidiano.

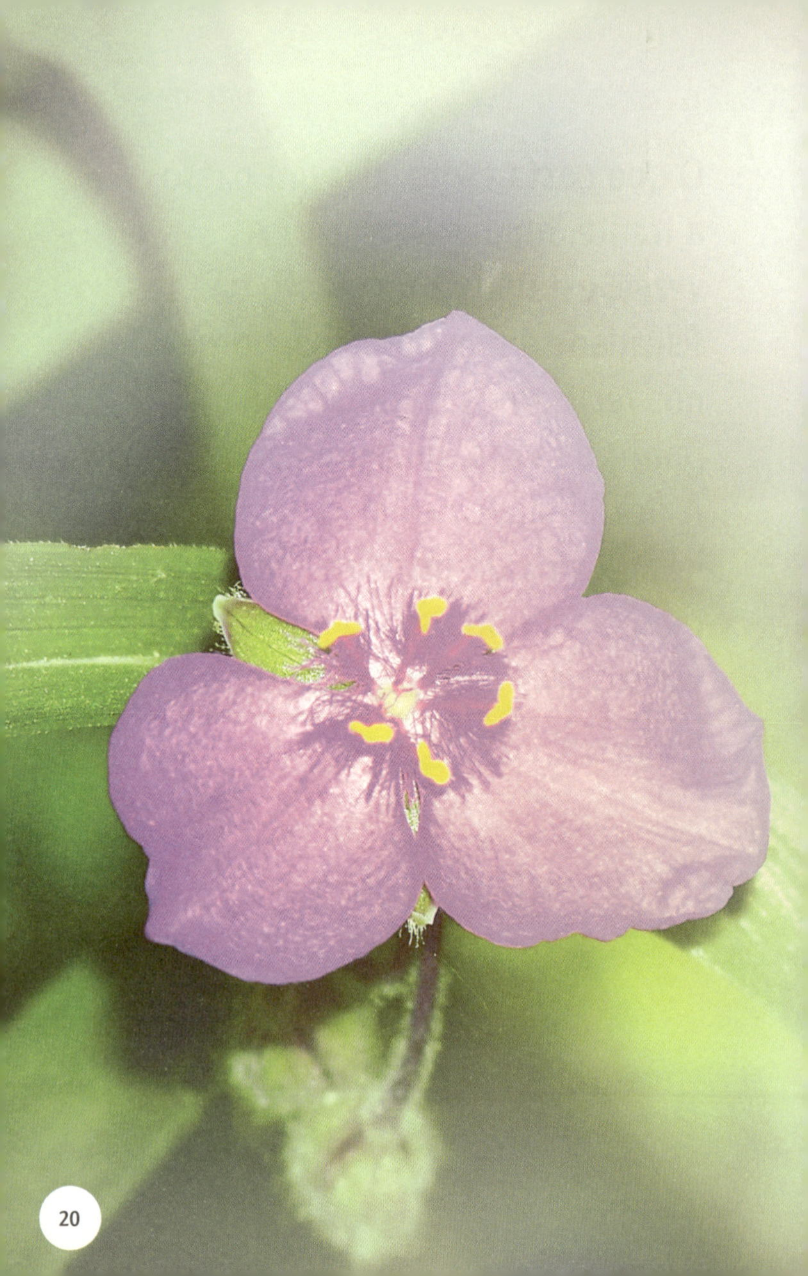

Deus atua por meio de nós. Só Ele sabe como atuar. Mas é necessário que nós permitamos a Ele entrar e realizar, seja por meio de uma oração, de um bom pensamento, ou até mesmo por acreditar que amanhã sempre será um dia melhor.

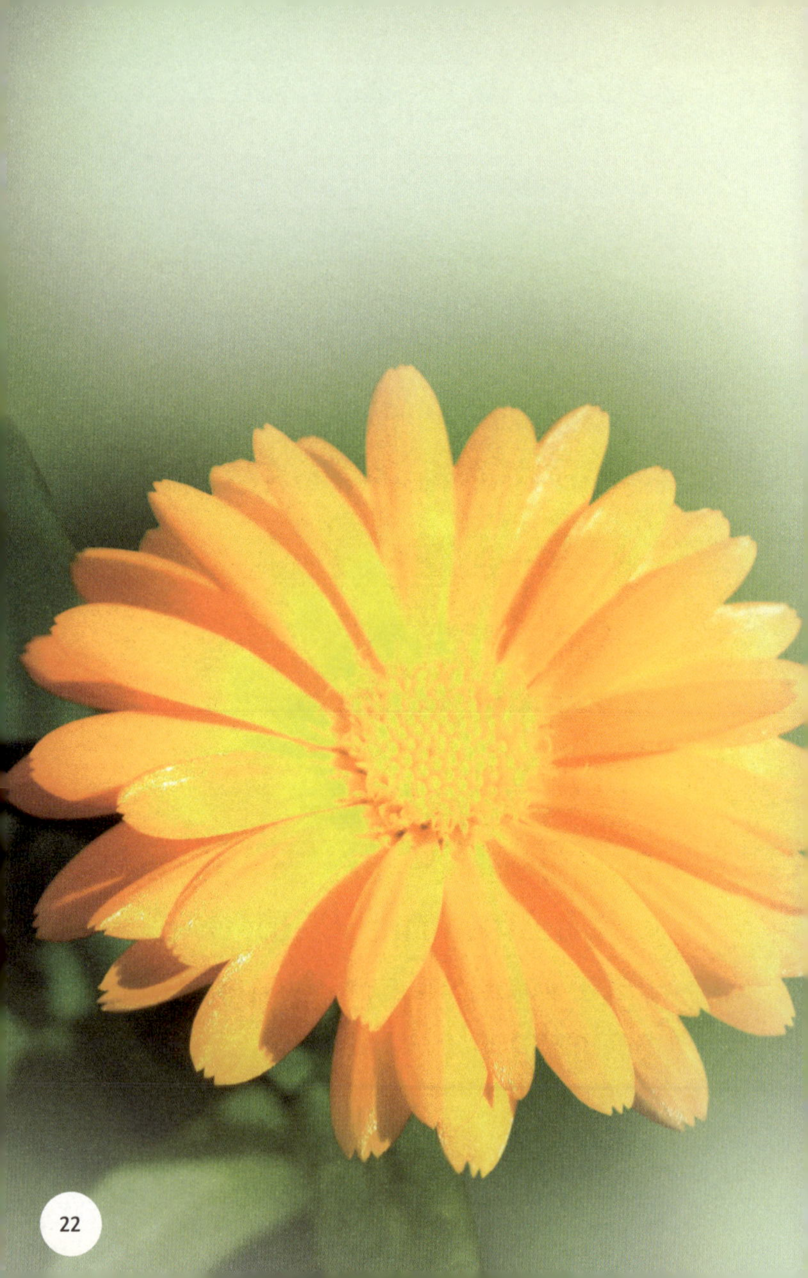

As pessoas não têm a capacidade de mudar os outros ou o mundo, mas somente a si mesmas. Se você começar a mudar o seu jeito de ser, de maneira verdadeira, sem fingimento, logo vai contagiar as pessoas ao seu redor.
Duas situações poderão ocorrer: ou a pessoa muda e o convívio entre vocês melhora ou ela, naturalmente, vai embora.

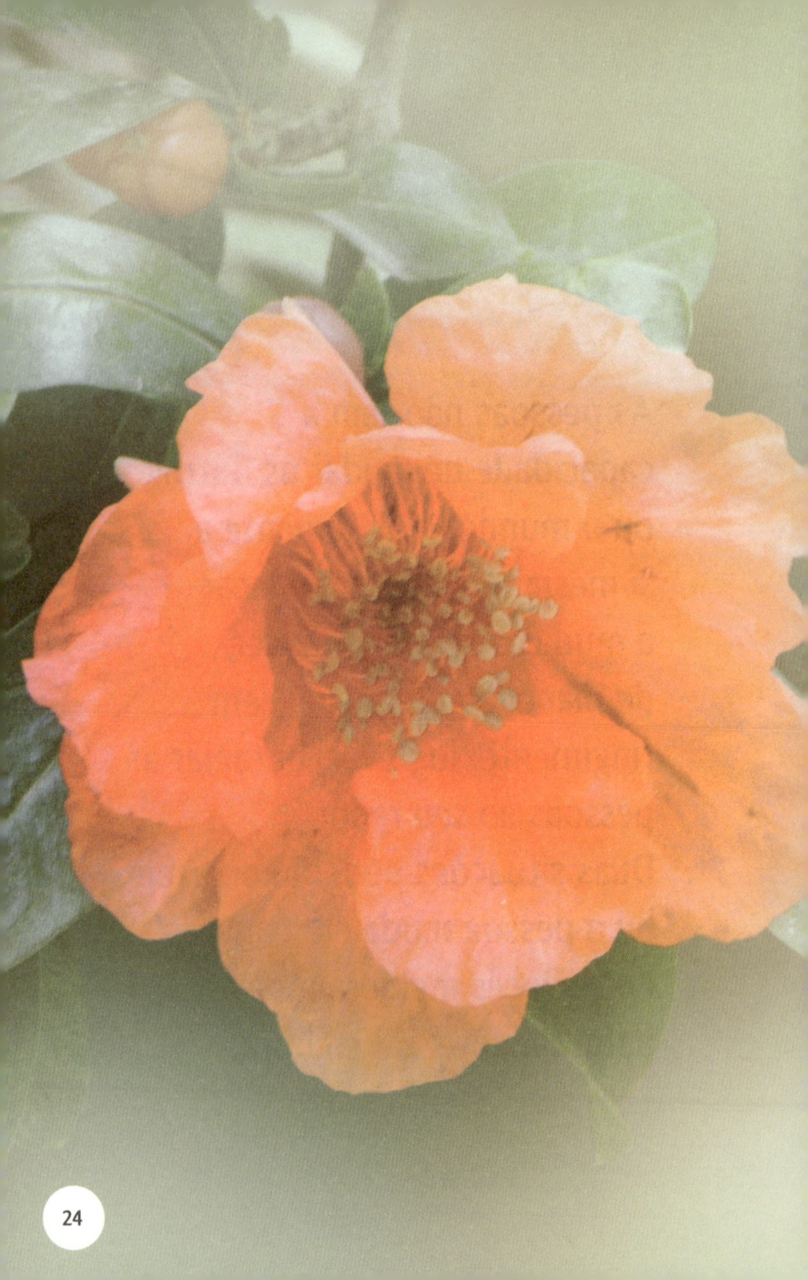

A vida faz com que as situações se repitam, até que tenhamos a consciência de nossa responsabilidade para aprendermos a lidar com elas. Depois que a gente aprende, não tem mais necessidade de viver aquela experiência de novo. Isso vale, principalmente para as situações desagradáveis que aparecem no nosso caminho.

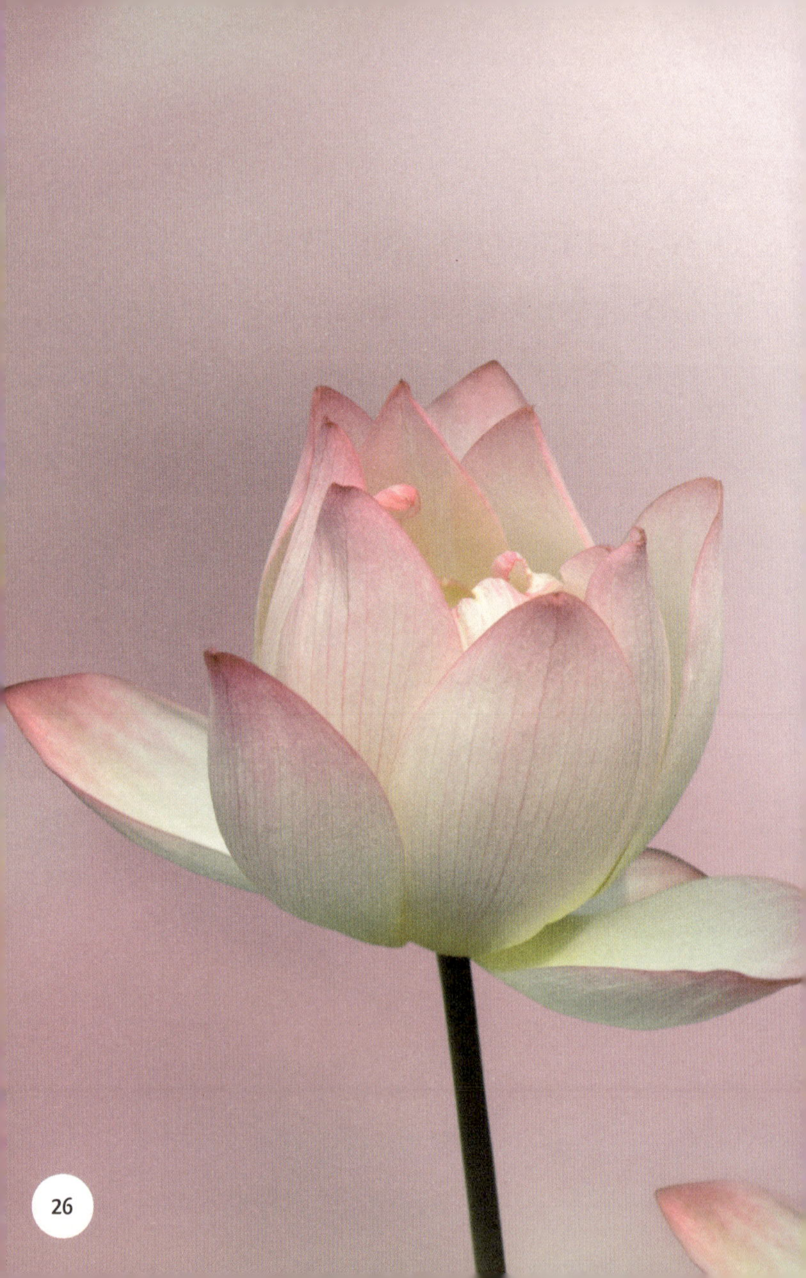

Perdoar-se é um ato divino e só fortalece o espírito. Por isso, a partir de agora, pare de se autodepreciar ou se colocar para baixo.
O que você fez já passou. Agora é olhar para frente e seguir adiante, fazendo o melhor que pode, mas com alegria no coração.

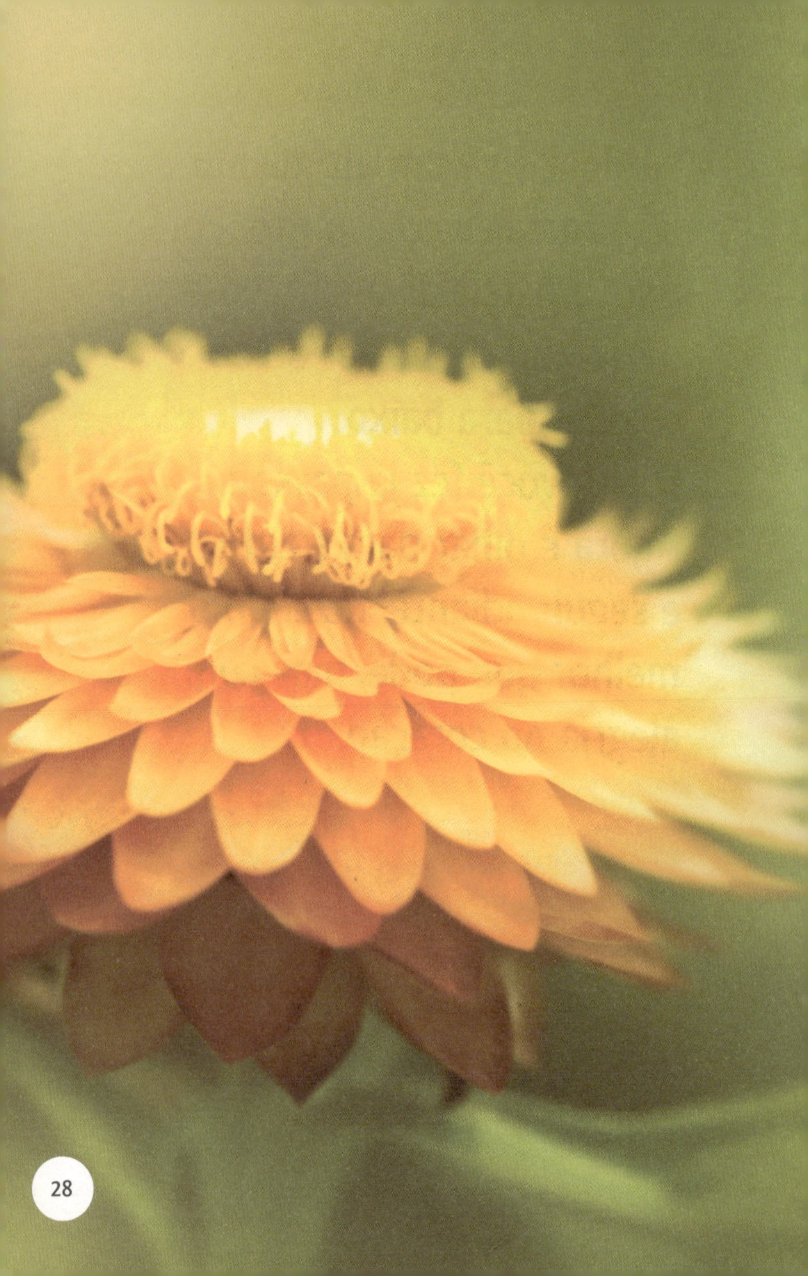

Amar é reconhecer
que nossas almas
são na verdade
uma só.

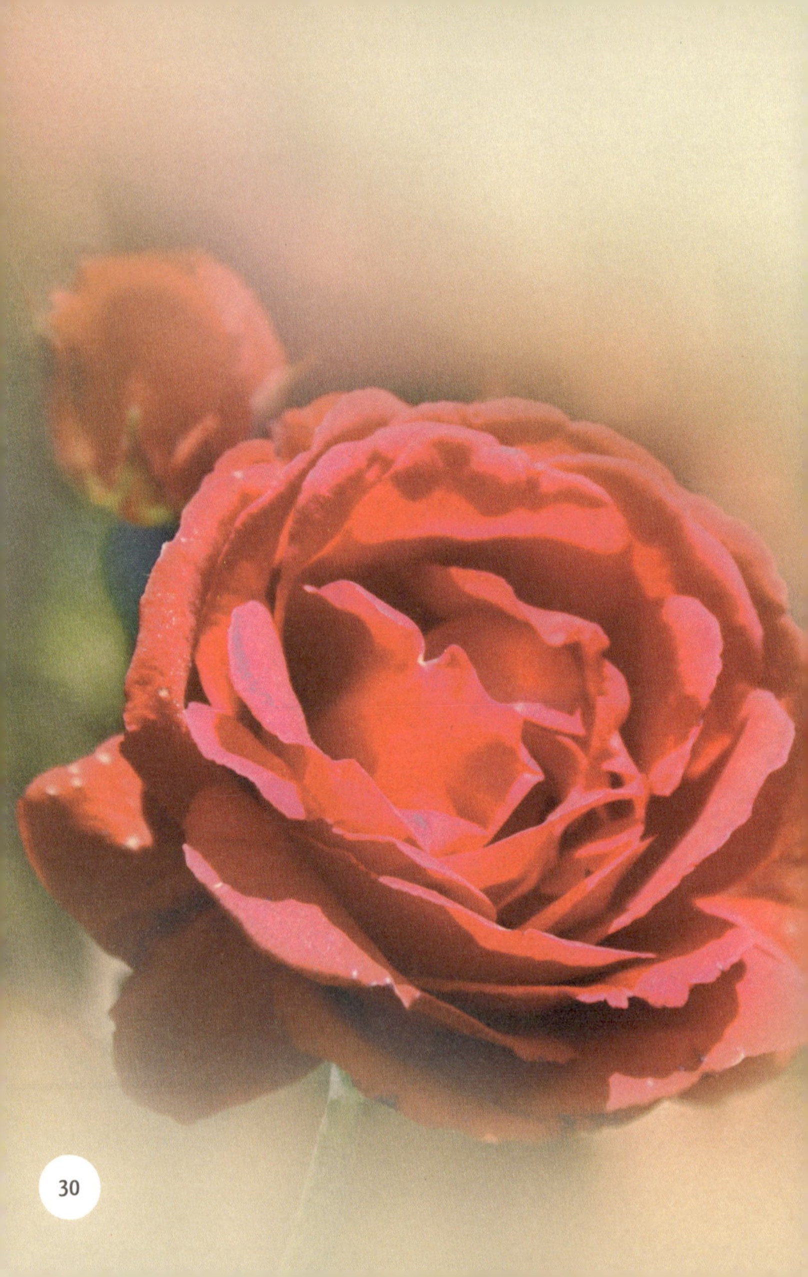

É preciso ter confiança em si, acreditar ser capaz de realizar as mudanças necessárias para uma vida mais prazerosa e feliz. Você é dono do seu sucesso!

32

A vida é rica em experiências. Cada um atrai o que precisa, seja agradável ou não. Tudo o que você atrai serve para ajudá-lo a crescer, a sair do mundo das ilusões e torná-lo mais forte.

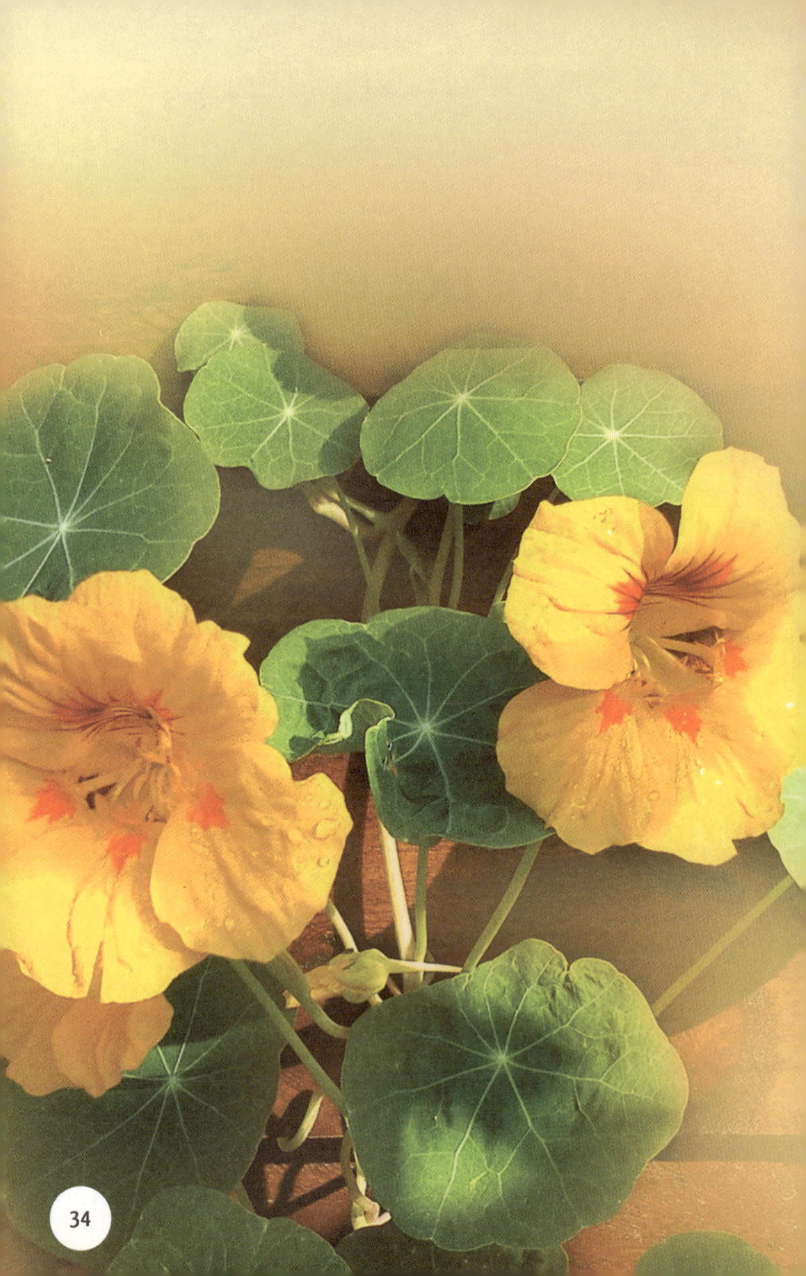

A morte é algo natural e a separação é temporária. Logo estaremos todos juntos, em espírito, traçando novos planos de vida.

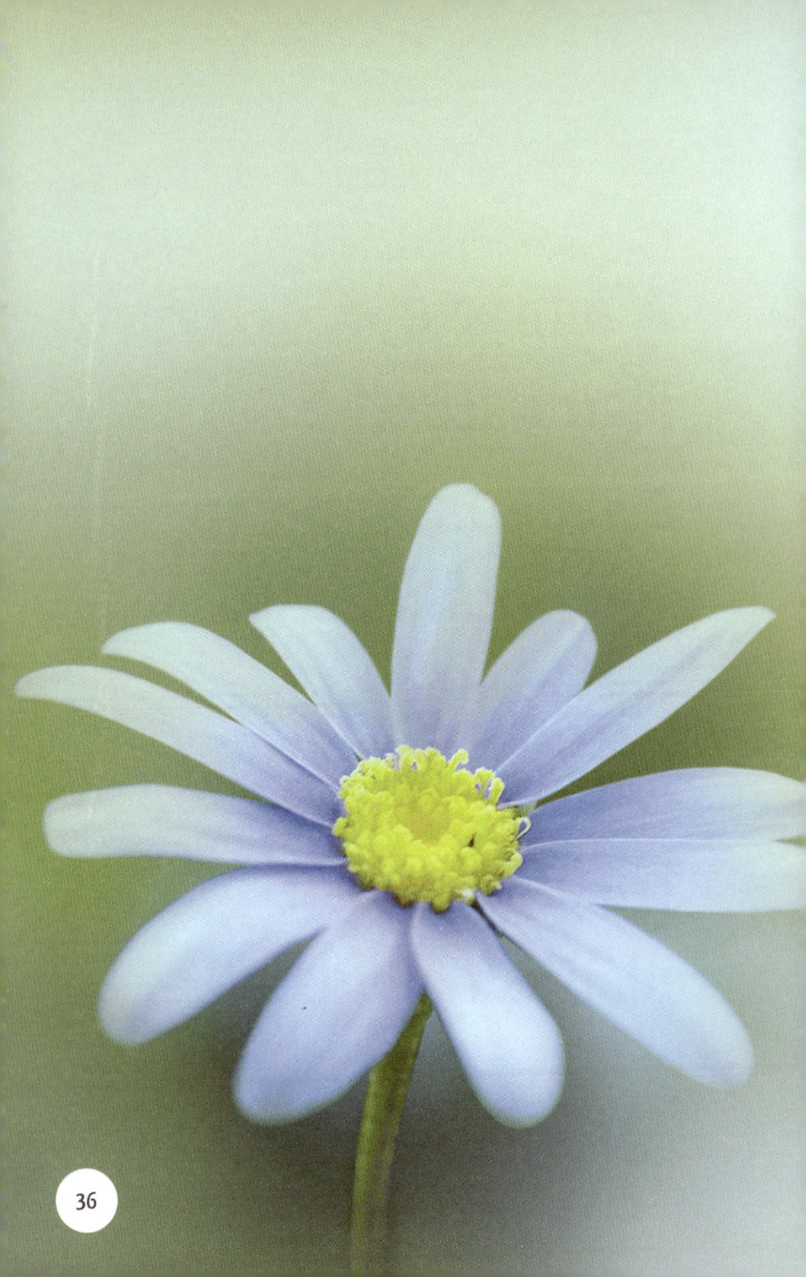

O casamento não
tem garantia na lei,
no uso de aliança,
num vestido de noiva
ou numa cerimônia,
porque quem manda
na relação é o coração.
Não é a cabeça, mas é
o coração apaixonado
que decide casar e
descasar.

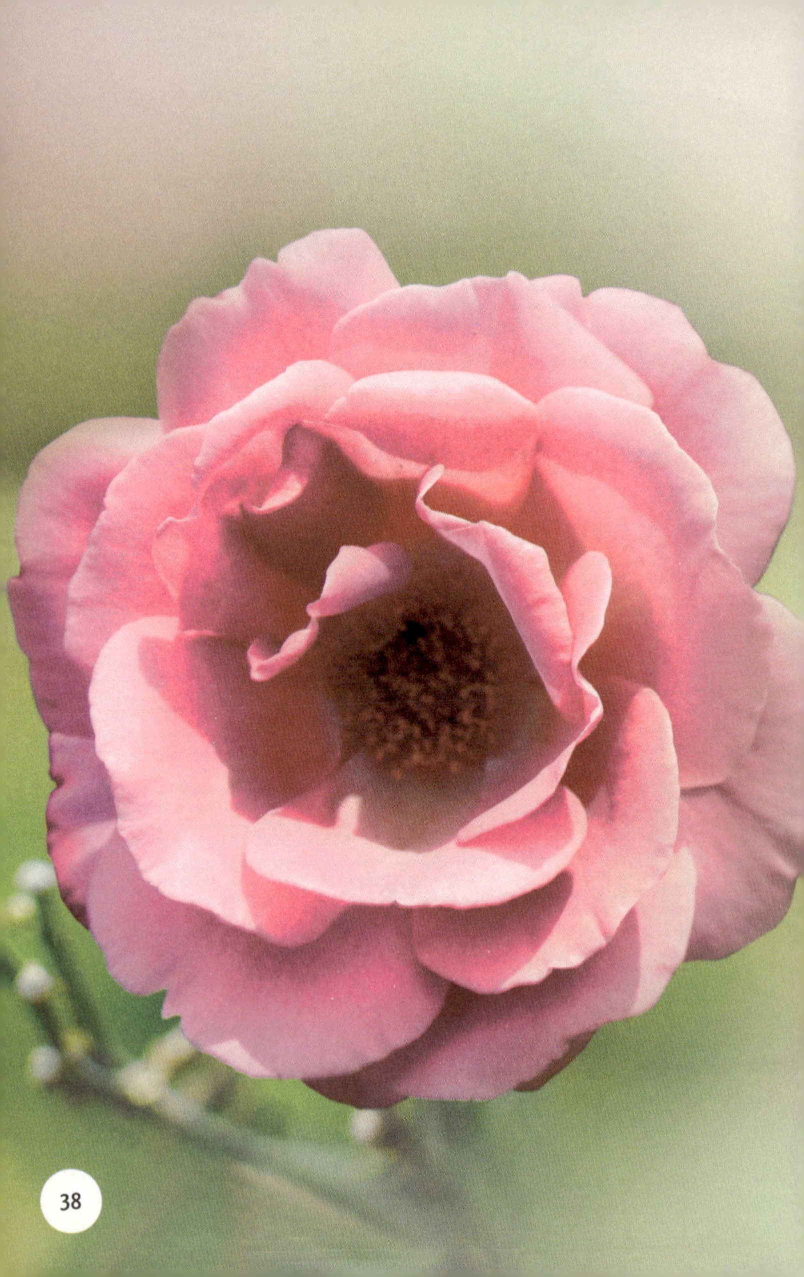

Quem ama liberta, deixa o outro seguir seu rumo. Se pensa diferente, é porque não ama. Está preso no apego. Apego não é amor, é falta de confiança em si. O apego dói; o amor dá prazer. É isso.

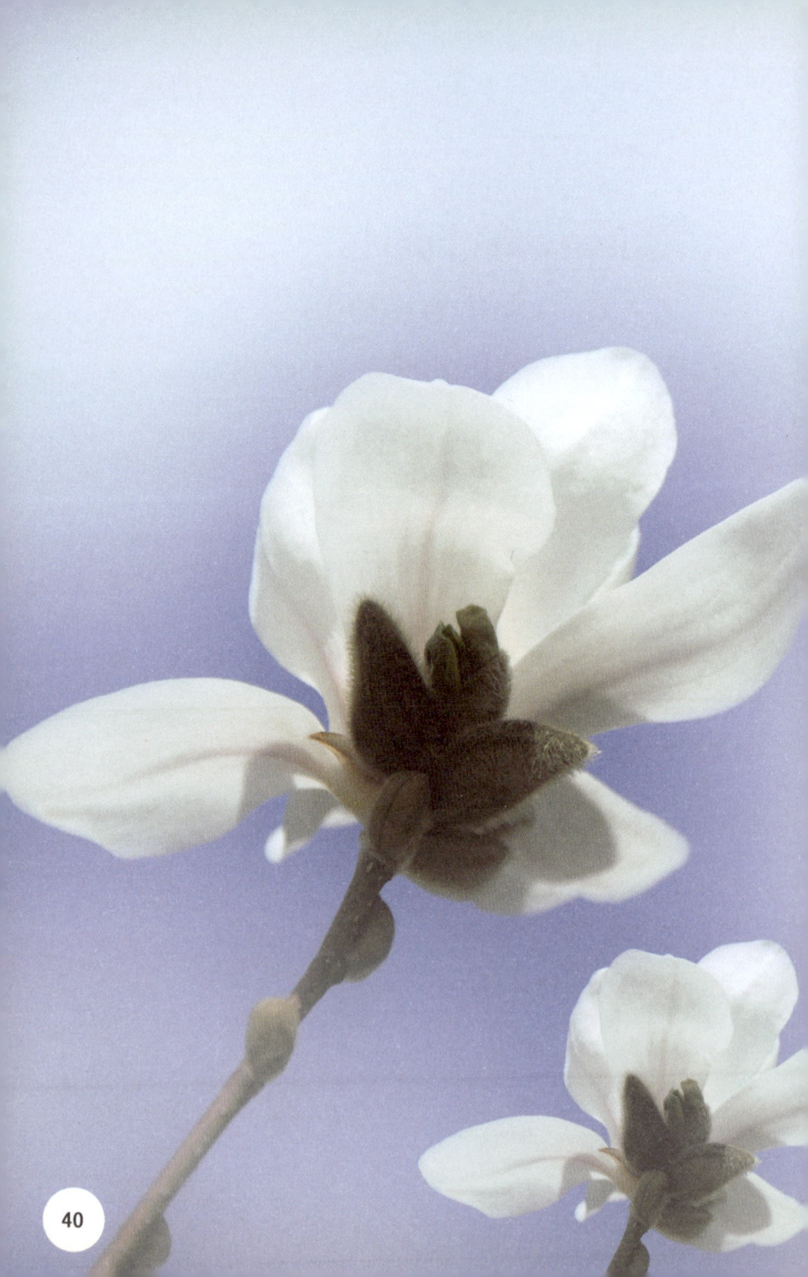

O que é da gente ninguém tira. Pode demorar, mas ninguém tira. Não tenha medo da inveja, da maledicência, da negatividade. O que é nosso é protegido por Deus.

42

Não importa a forma que tenhamos, não importa a cara, a cor, nada. A única coisa que importa na vida, de fato, é o amor. Porque não há nada que o amor não consiga curar.

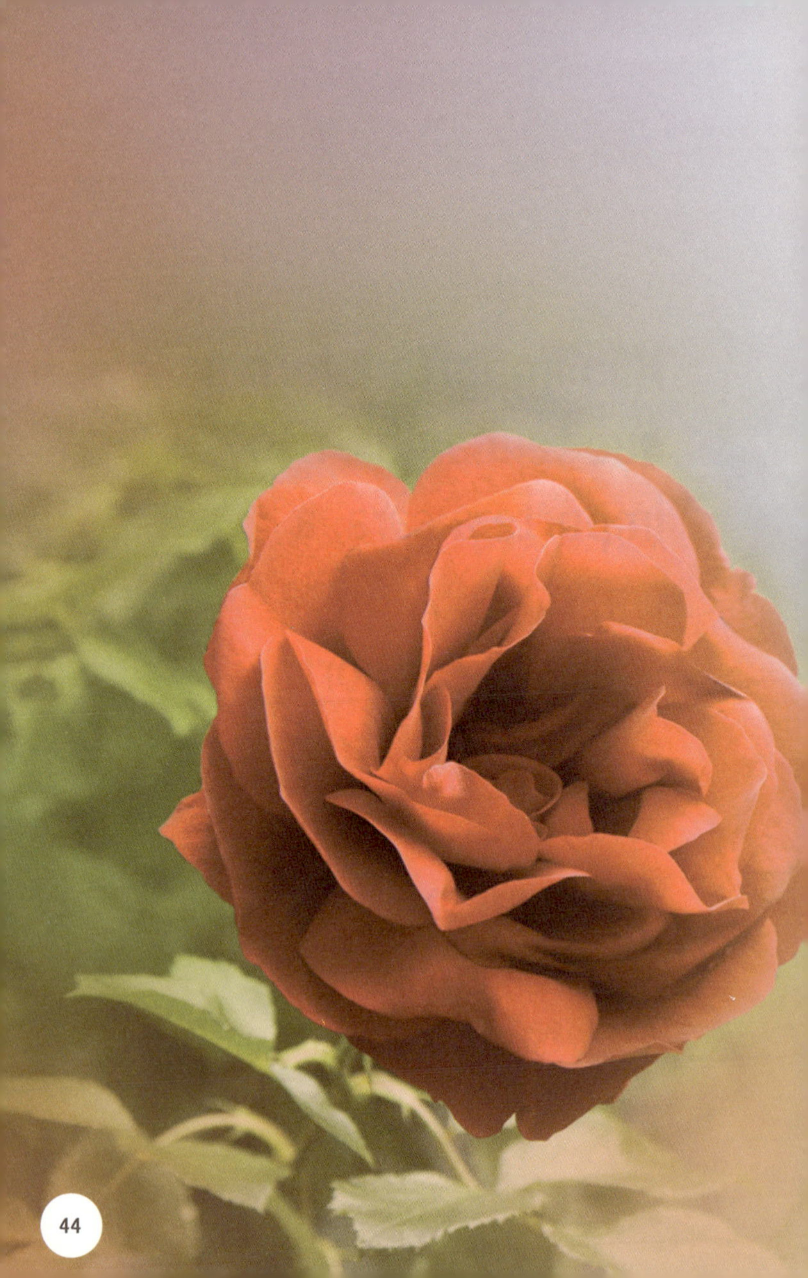

Quem faz tudo de coração só pode ser recompensado com coisas boas na vida.

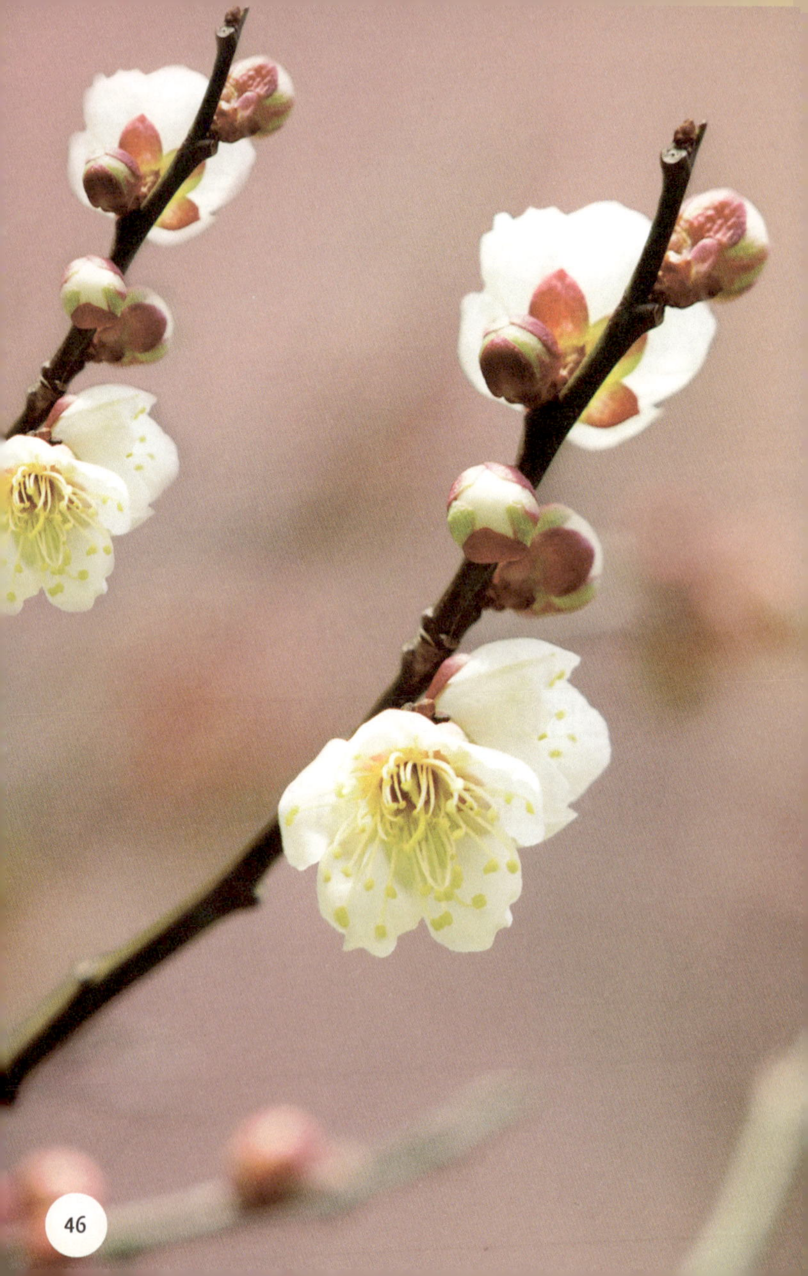

A ajuda chega na
hora em que estamos
prontos para recebê-la.
A ajuda sempre chega
no momento certo,
nem um minuto antes,
nem um minuto depois.

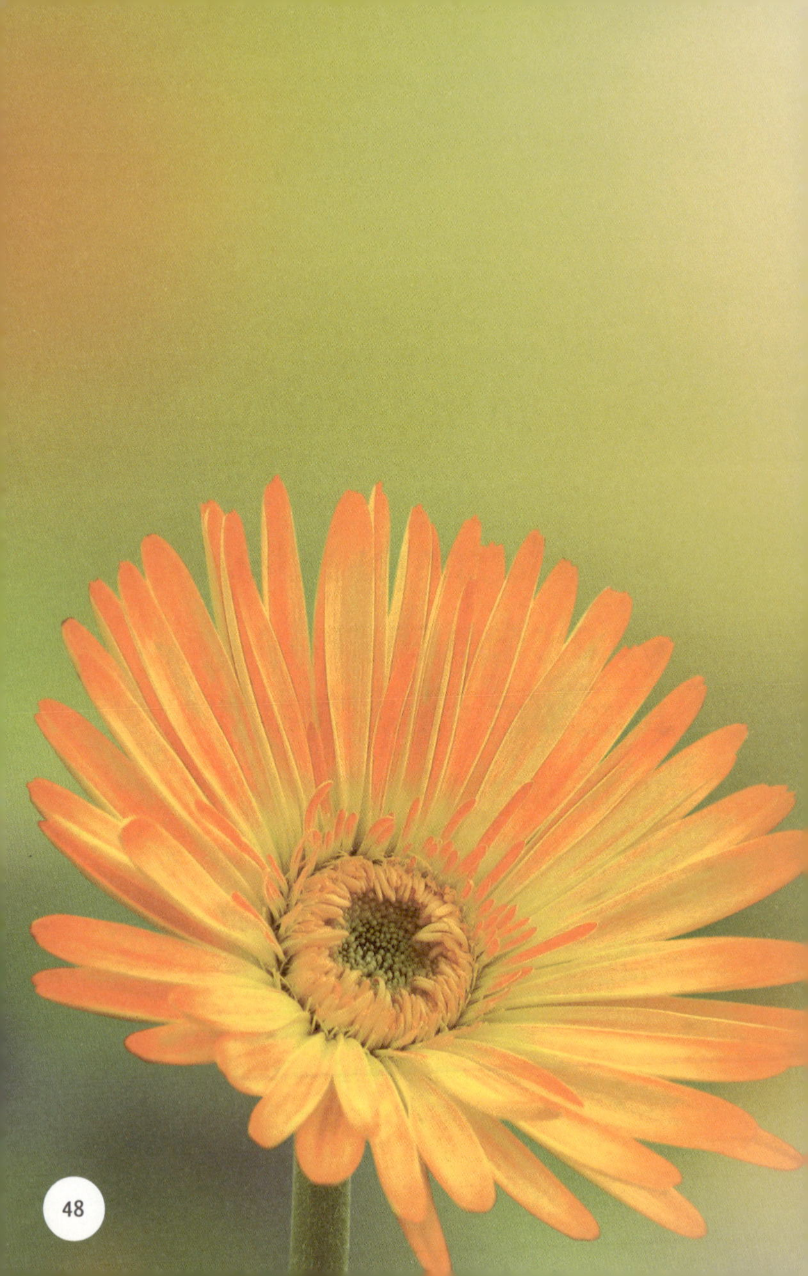

No mundo espiritual não se julgam as atitudes das pessoas como boas ou ruins. Elas é que vão julgar a si próprias no momento do desencarne. Cada um é dono de sua consciência e a dor que delas advém recai sobre o próprio espírito.

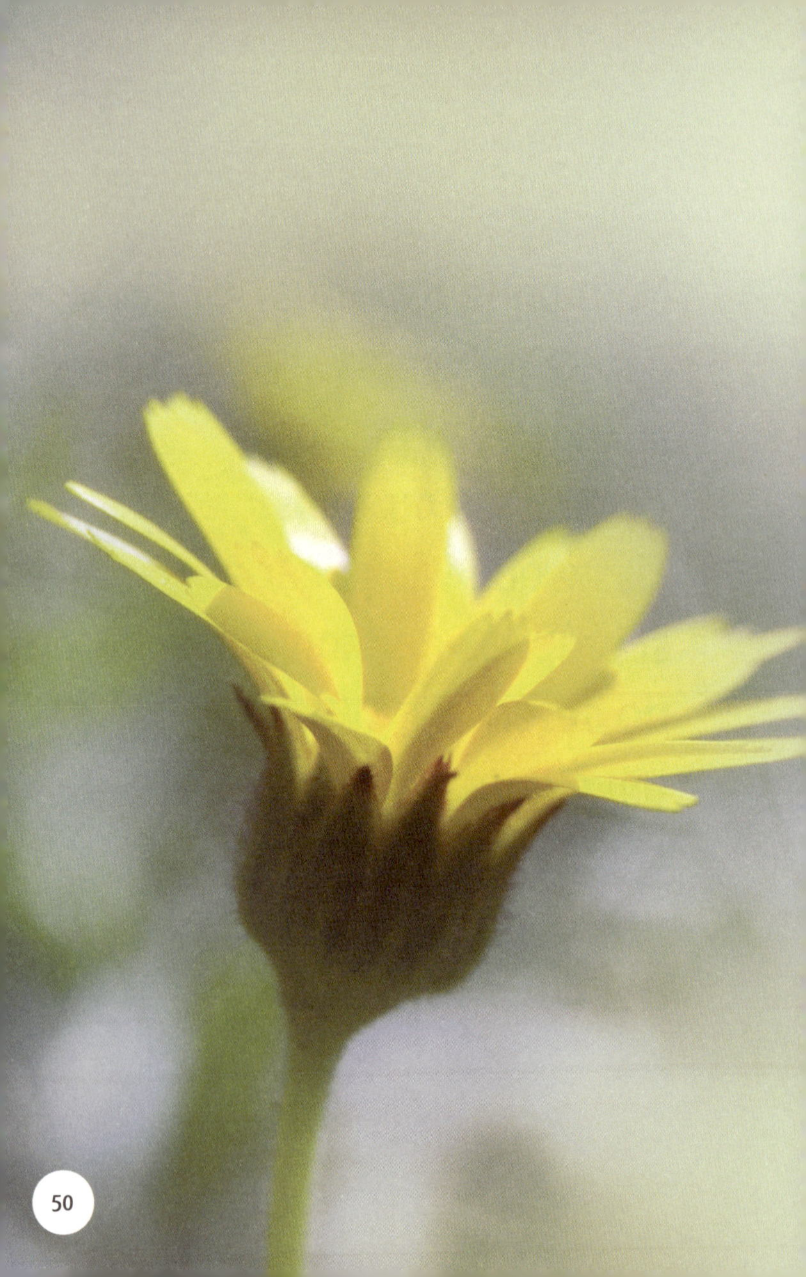

Perdoar é libertar-se. Aquele que esquece as mágoas e dissabores vence as dores e caminha triunfante rumo à conquista da felicidade.

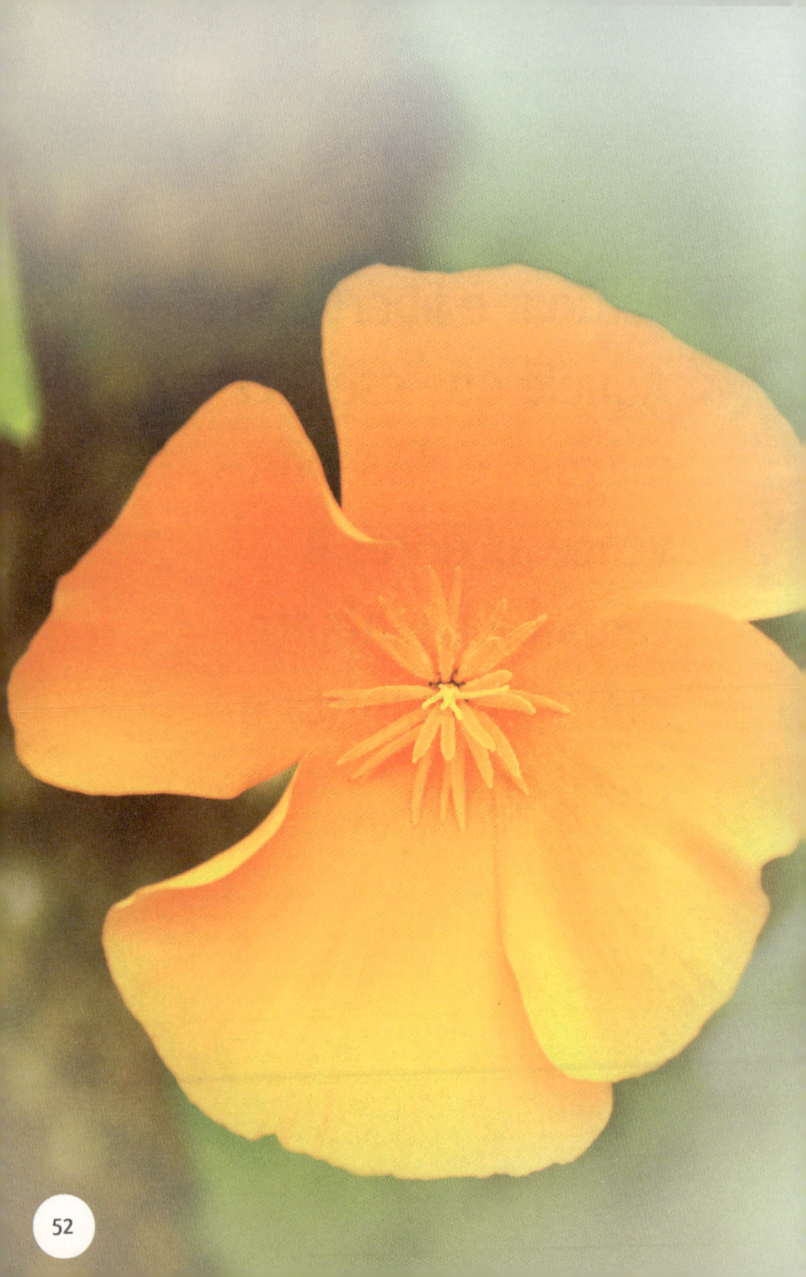

Toda intenção que temos sempre volta em dobro em nossa vida, seja boa ou não. Então, melhor começar a ter mais boas intenções, concorda?

54

Por meio do envio de mensagens positivas para nosso subconsciente, meditação e outras ferramentas, podemos mudar nossos pensamentos e ter uma vida melhor.

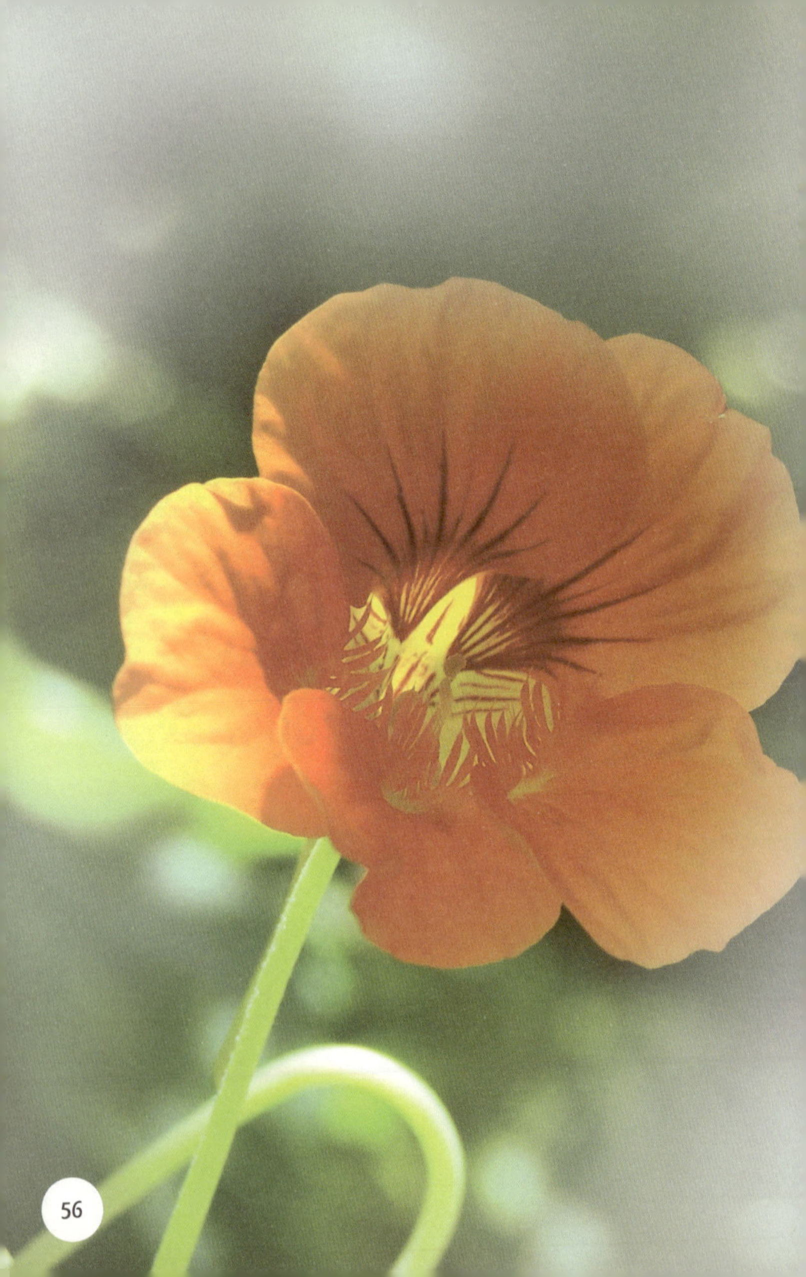

O bom relacionamento familiar é a base de tudo. A harmonia dentro de casa impede que energias desagradáveis adentrem nossa casa. Evite discussões, brigas, gritarias, bate-bocas. Procure conversar, rir, brincar. Espalhe alegria pela sua casa.

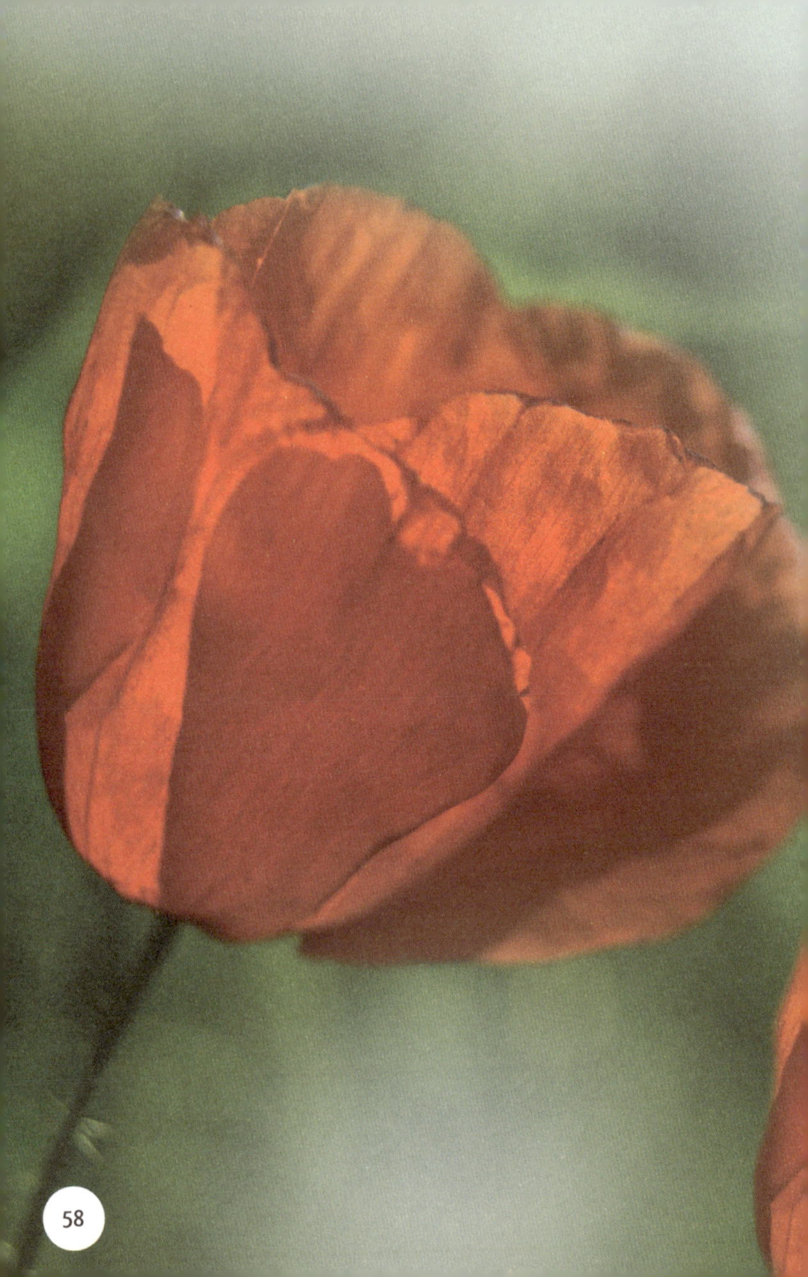

Deixe a vida te conduzir. Saiba que ela usa uma série de recursos para a nossa melhora. Se você não sabe o que fazer, não faça nada, mas conserve a sua paz. Você só poderá perceber a ajuda da vida se estiver sereno e tranquilo.

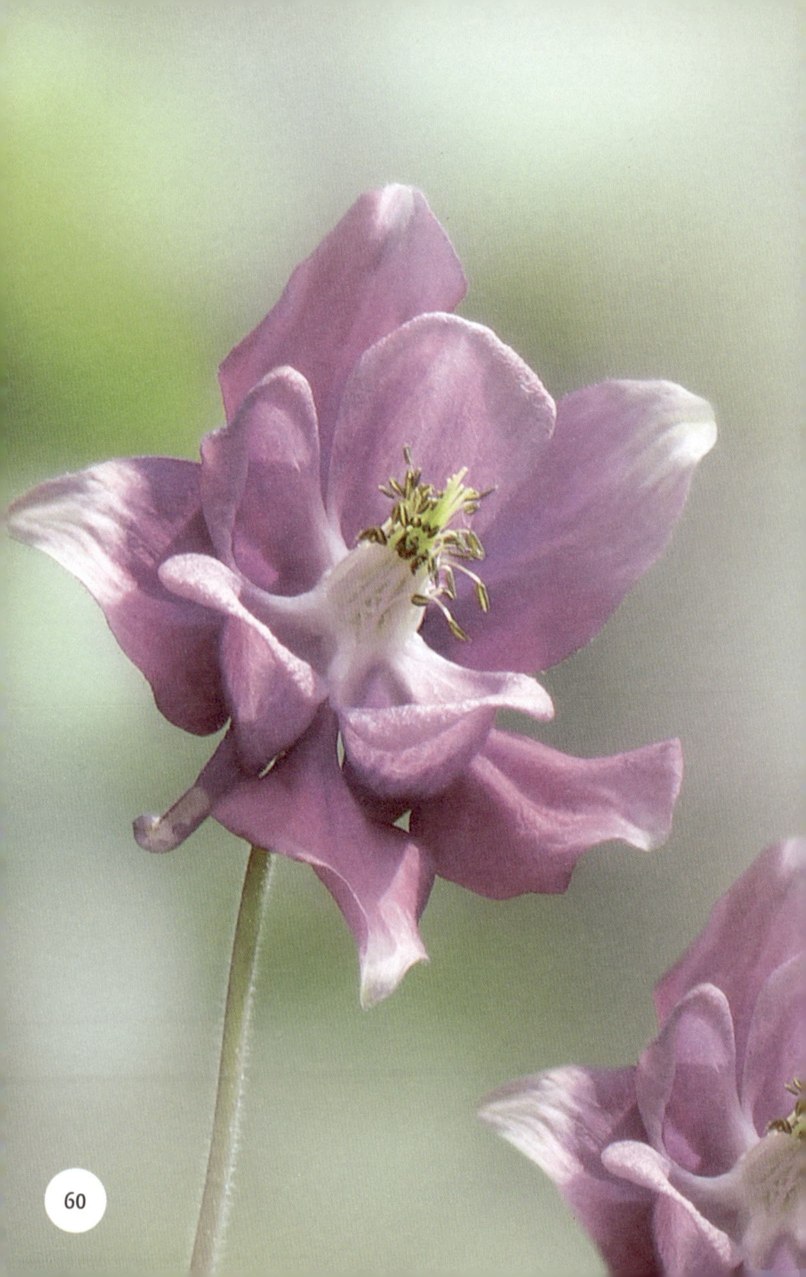

Toda experiência do ser humano é sublime. Isso é o que nos faz especiais. Não importam os desafios. São as boas experiências que nos estimulam e mostram que a vida vale a pena. Não desanime.

62

Está em suas mãos criar e modificar o próprio destino. Cabe a você criar, recriar ou desfazer os fatos da sua vida. Ninguém tem como fazer isso. O poder é só seu.

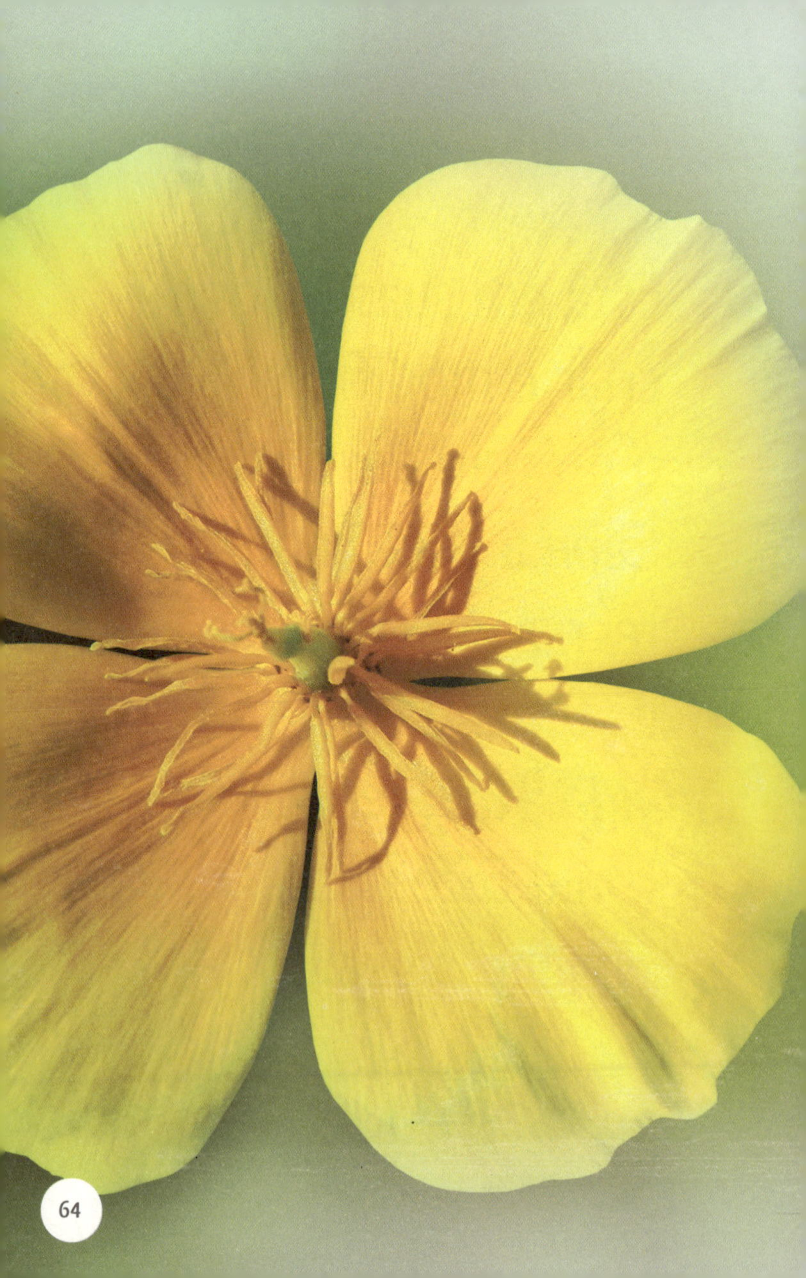

O amor é capaz de verdadeiros milagres, inclusive da cura física e, em último caso, da cura do espírito. Afinal de contas, o amor cura todas as feridas. O amor está acima de tudo.

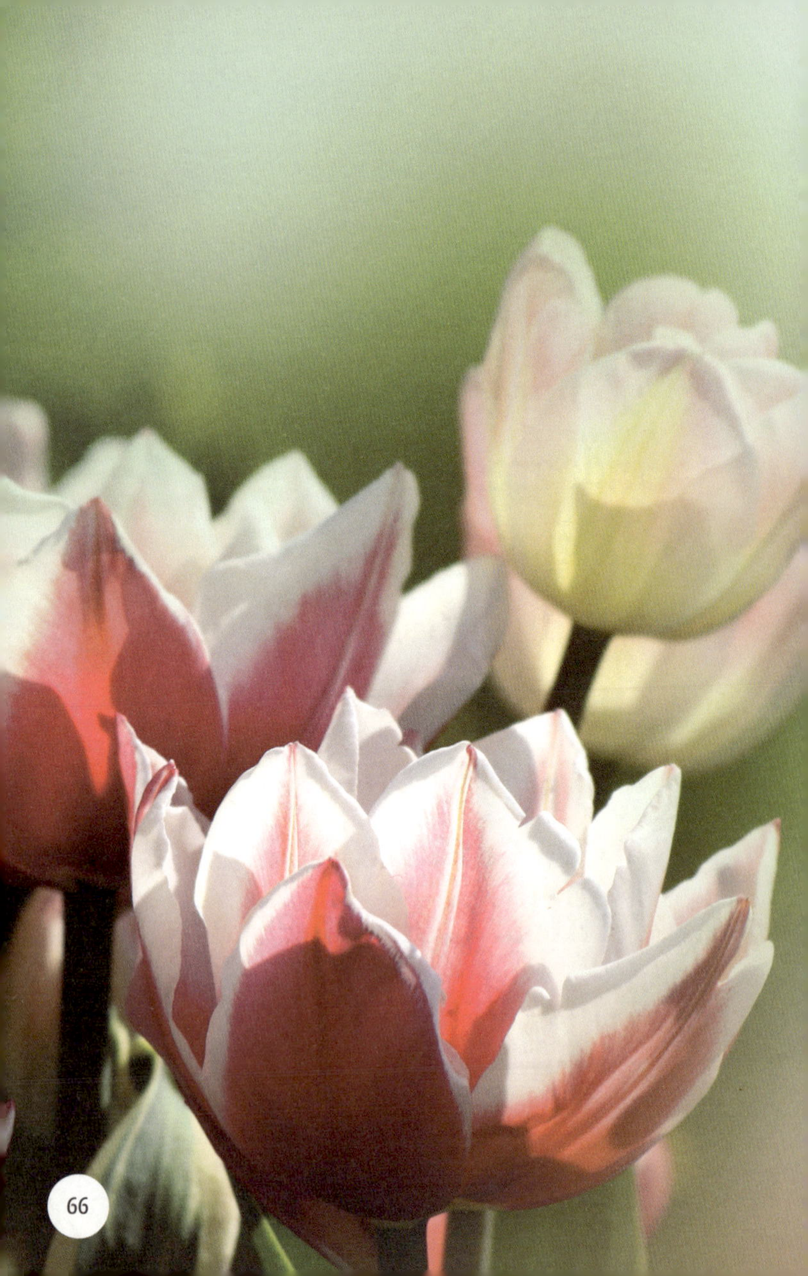

A sua memória afetiva jamais será apagada, nem mesmo com a morte do corpo físico, porque é parte integrante do espírito, e o espírito é eterno. Isso quer dizer que, quando você morrer, vai perder o corpo mas ninguém vai tirar suas lembranças!

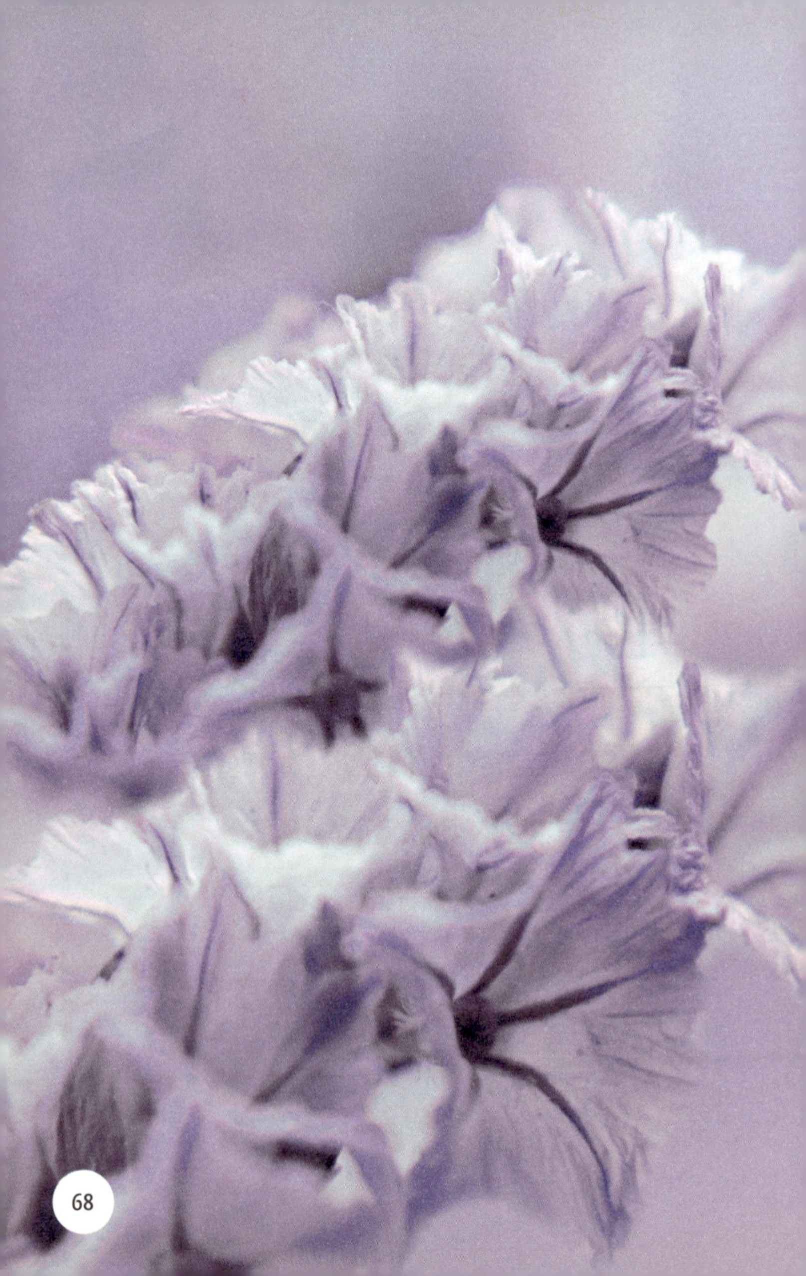

O fracasso não existe. Quando você erra, aprende. E quando aprende, amadurece. A experiência do amadurecimento leva você para frente.

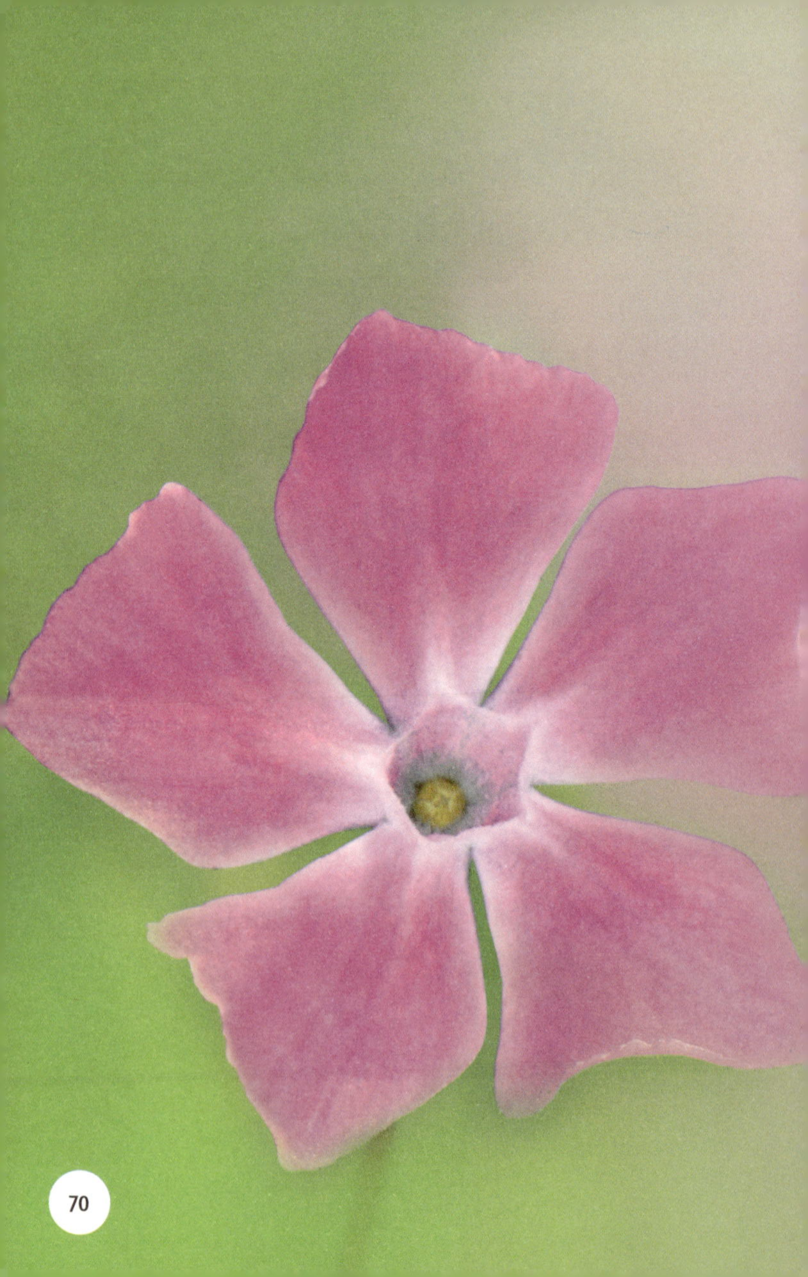

Ninguém tira o que é seu de direito. Pode ser por um tempo, quando está confuso, perdido. Mas, quando está tudo certo de novo em sua vida, o que é seu de direito volta, não tenha dúvida.

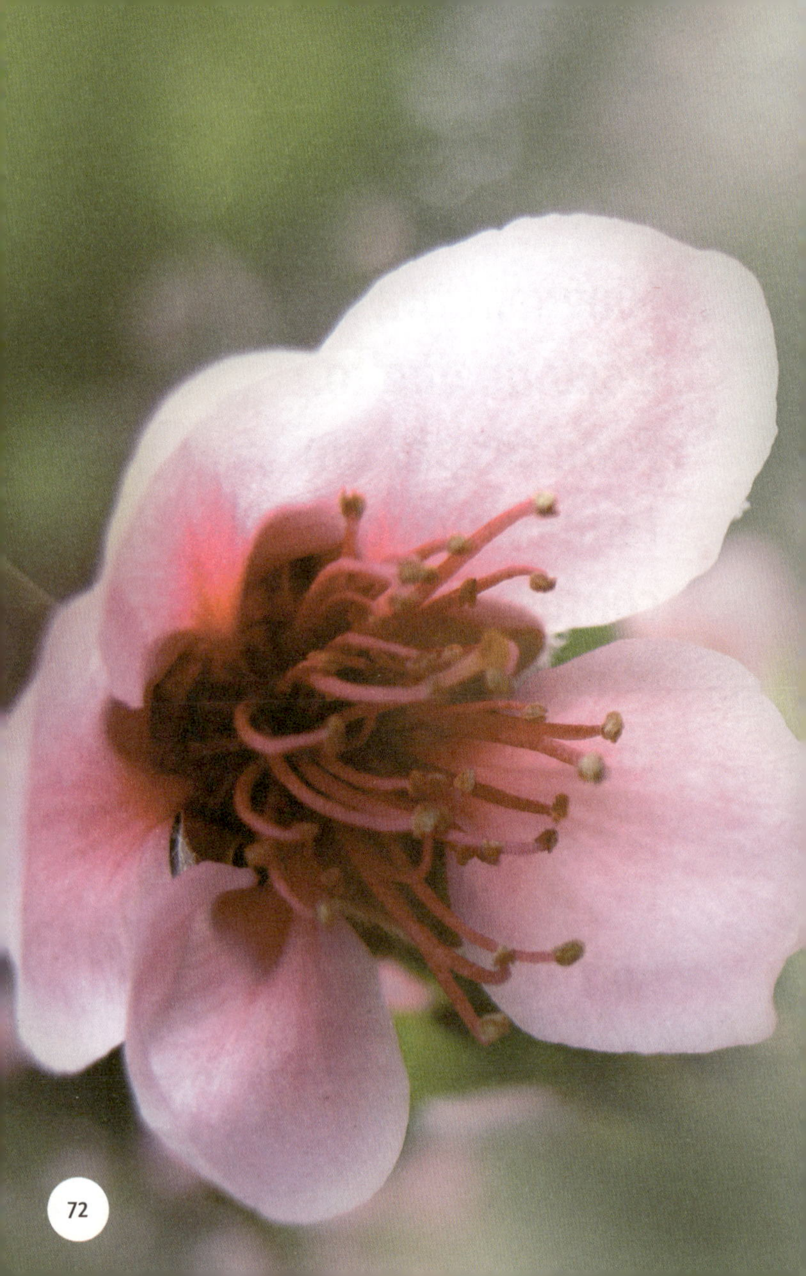

A reencarnação é um bálsamo para nosso espírito. Por meio dela, temos condições de encarar as mesmas situações, com o mesmo grupo de pessoas com as quais tivemos desapontamentos no passado.

74

Aceitar a realidade
dos fatos significa ser
lúcido, libertar-se das
ilusões e dos dramas.
Aceitar o que não
pode mudar na vida
acalma e serena o
coração.

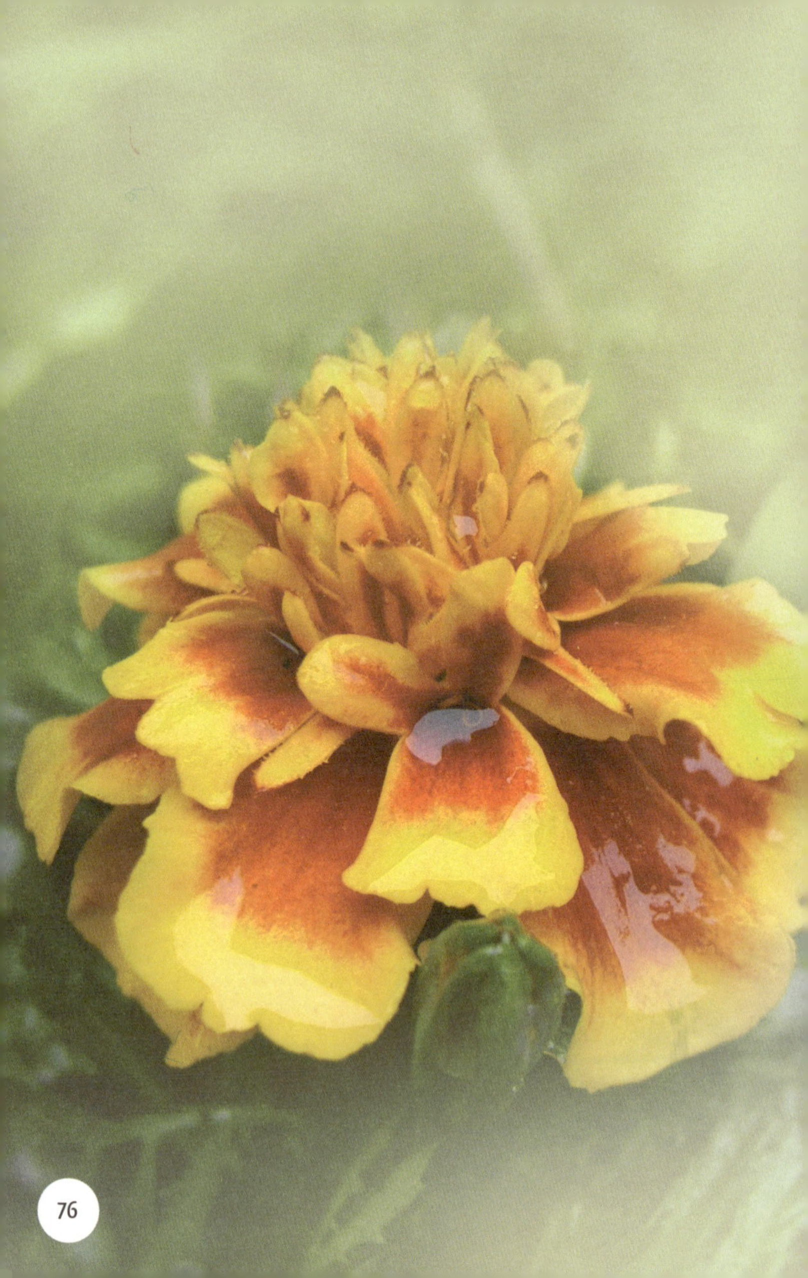

A espiritualidade abre nossa consciência, traz sabedoria, nos dá respostas que alimentam nosso espírito e nos ensinam a viver bem melhor. A crença na espiritualidade apoia, consola e esclarece.

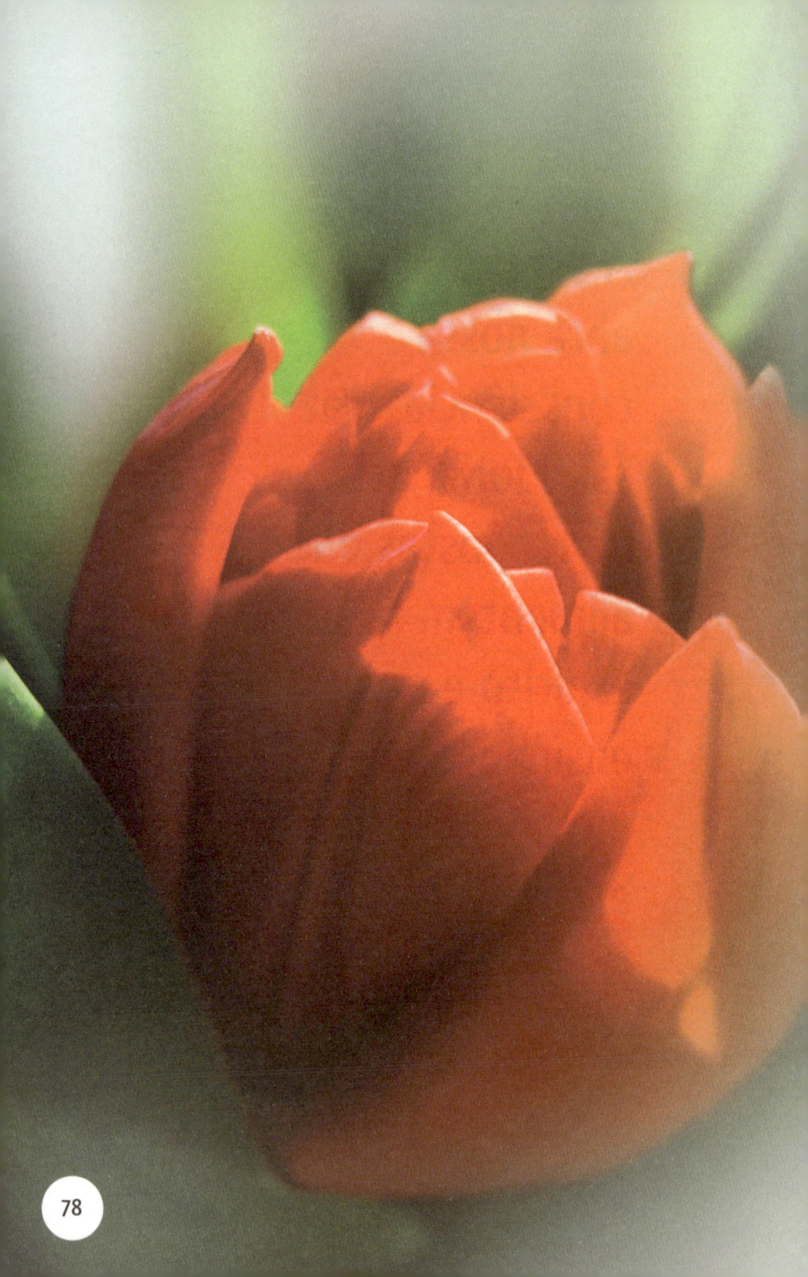

Todos temos o direito de pensar e idealizar as pessoas como quisermos, de enxergar os outros de acordo com nosso senso de realidade. Mas não se esqueça: cada um só pode dar o que tem. Não exija do outro o que ele não está pronto para lhe dar.

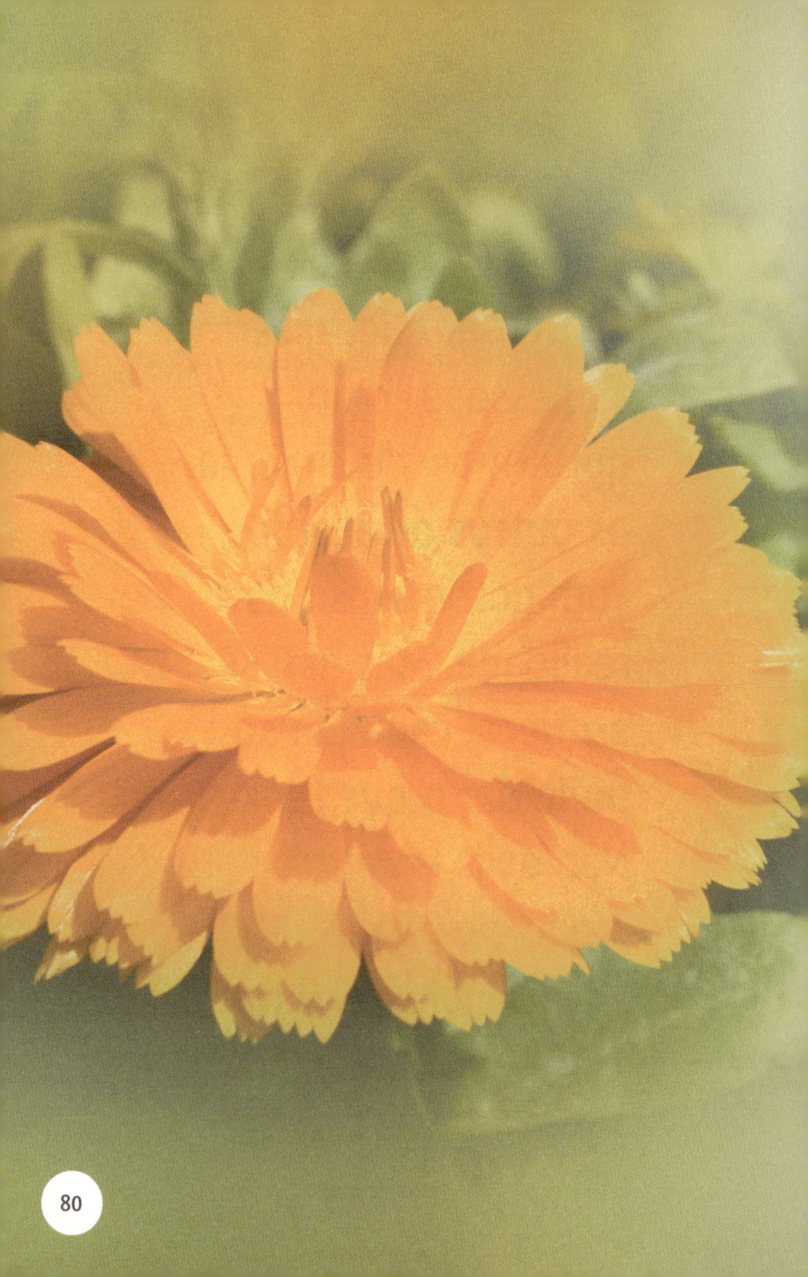

Conforme damos um
passo maior à nossa
ampliação de consciência,
mais fácil fica desatar
os nós de inimizades
e desentendimentos
passados. Cada encarnação
vai clareando nossa
consciência e ilumina mais
nosso espírito.

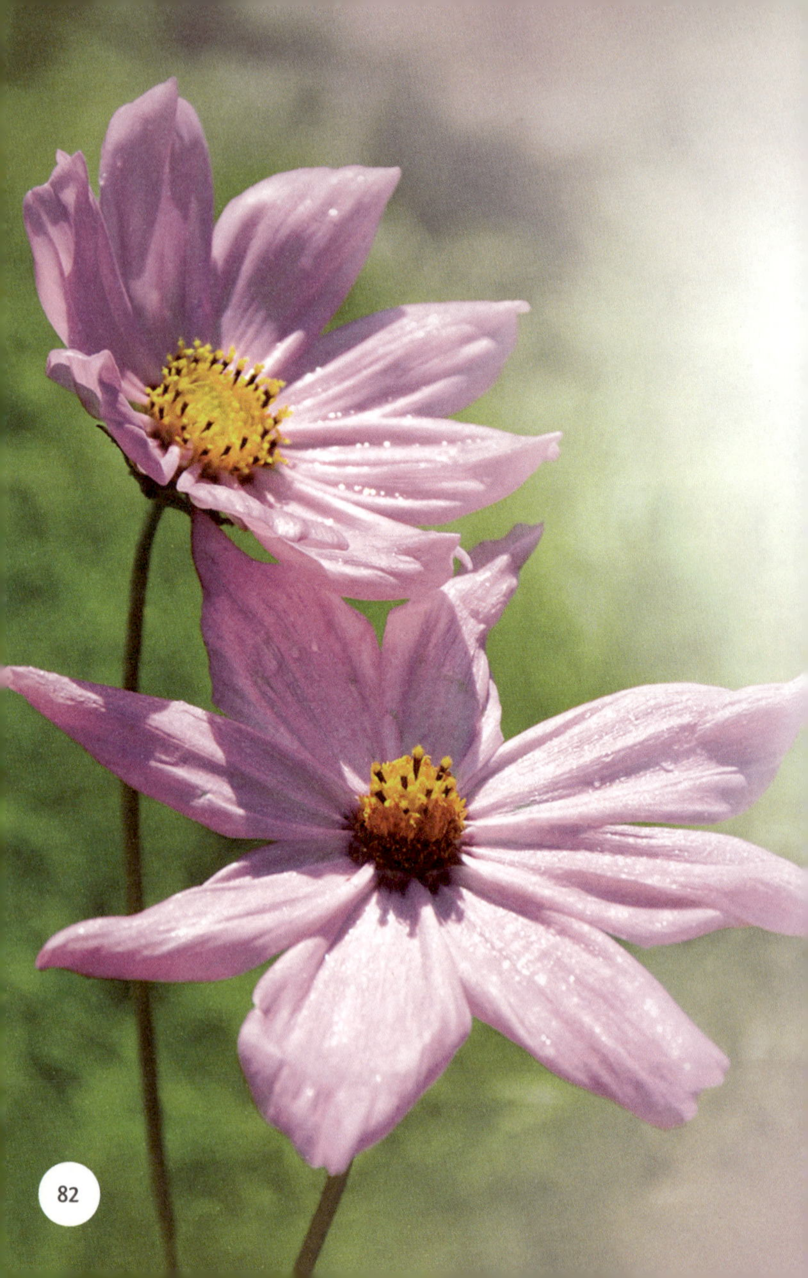

Se você tirar a lente do drama, os problemas ficarão menores. Pare de se sentir vítima da situação e reaja. Só para constar: se sair do drama, você vai sofrer bem menos. Pode acreditar.

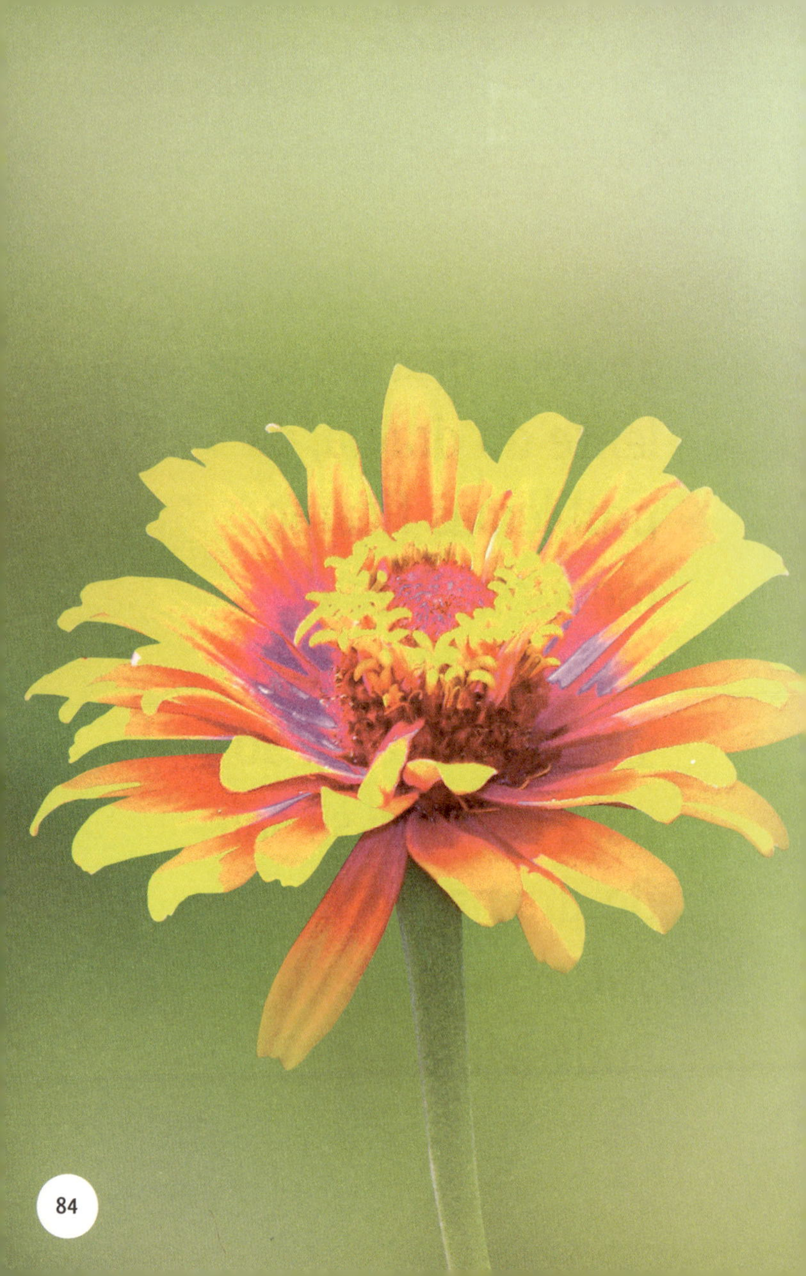

A palavra tem muita força. Tudo o que você fala com convicção, atrai para a sua vida. Por isso, pense em tudo aquilo de bom que quer para você e verbalize. As afirmações positivas são poderoso tônico para uma vida mais feliz.

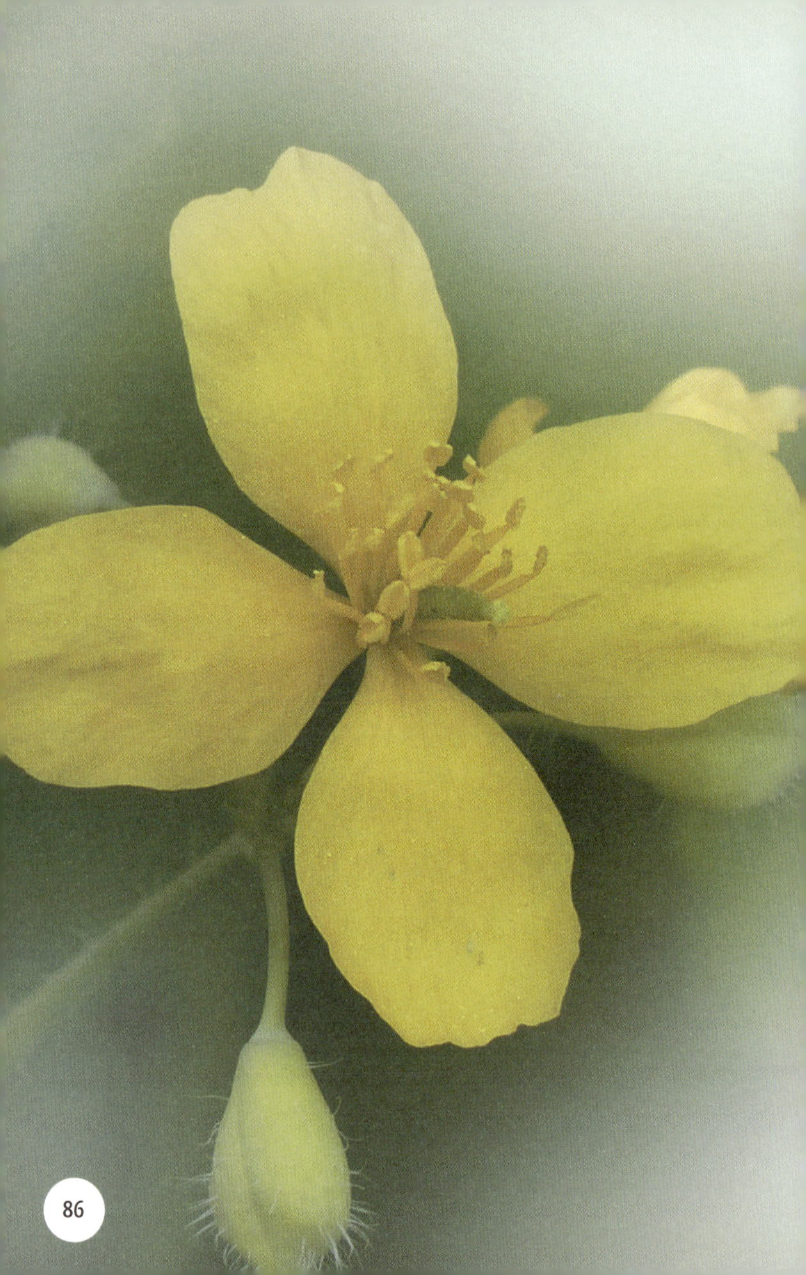

Faça tudo em sua vida de acordo com o comando do seu coração. Ouvir o coração é estar em contato constante com a alma.

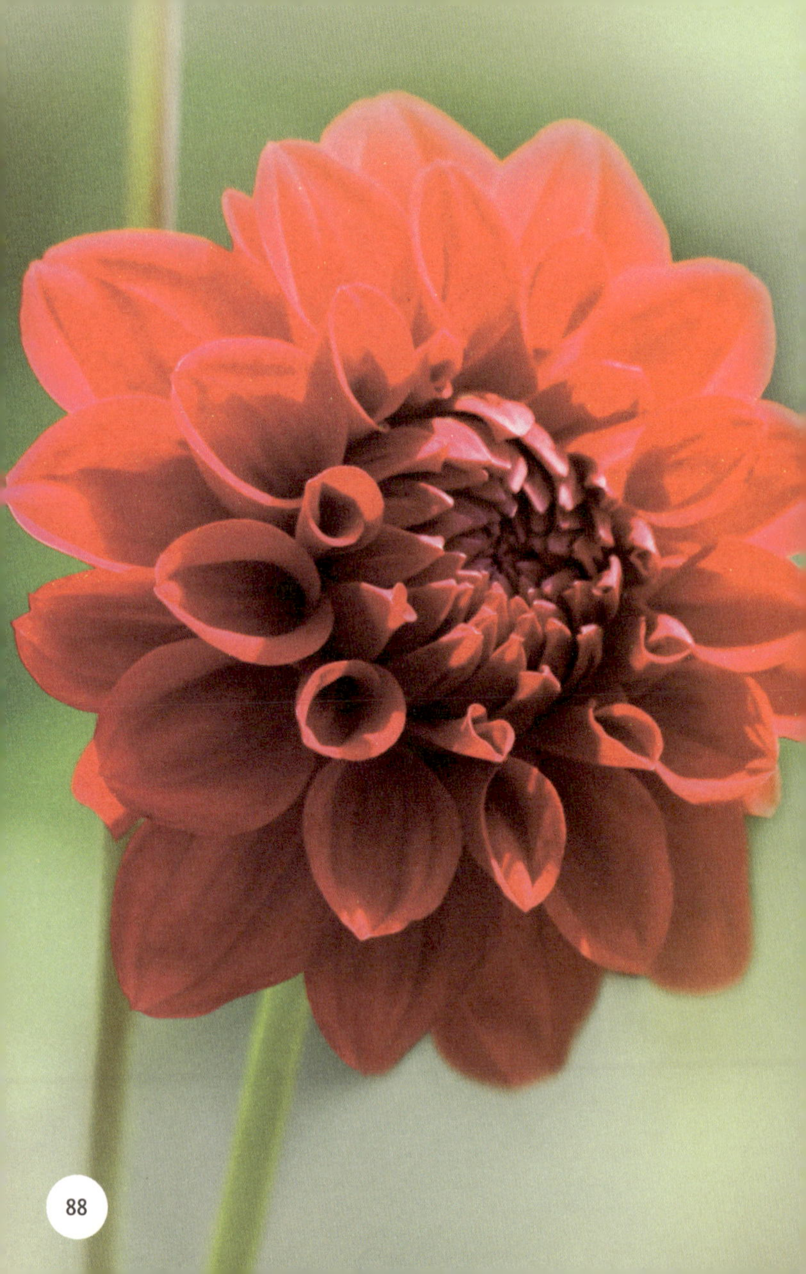

Não julgue. Cada um é livre para fazer o que bem entender. Mas é responsável pelas suas atitudes e, obviamente, são elas que determinam os fatos que a pessoa atrai na vida dela.

Conheça os romances que fazem diferença na vida de milhões de pessoas.

Zibia Gasparetto

A verdade de cada um
A vida sabe o que faz
Entre o amor e a guerra
Esmeralda - nova edição
Espinhos do tempo
Laços eternos
Nada é por acaso
Ninguém é de ninguém
O advogado de Deus
O amanhã a Deus pertence
O amor venceu
O fio do destino
O matuto
O morro das ilusões
Onde está Teresa?
Pelas portas do coração - nova edição
Quando a vida escolhe
Quando chega a hora
Quando é preciso voltar

Se abrindo pra vida
Sem medo de viver
Só o amor consegue
Somos todos inocentes
Tudo tem seu preço
Tudo valeu a pena
Um amor de verdade
Vencendo o passado

Ana Cristina Vargas

A morte é uma farsa
Em busca de uma nova vida
Em tempos de liberdade
Encontrando a paz
Intensa como o mar

Amadeu Ribeiro

O amor nunca diz adeus
A visita da verdade

Eduardo França

A escolha
A força do perdão
Enfim, a felicidade

Lucimara Gallicia
O que faço de mim?
Sem medo do amanhã

Sérgio Chimatti
Apesar de parecer... ele não está só
Lado a lado

Leonardo Rásica
Luzes do passado

Márcio Fiorillo
Em nome da lei

Flávio Lopes
A vida em duas cores
Uma outra história de amor

Floriano Serra
Nunca é tarde
O mistério do reencontro

Evaldo Ribeiro
Eu creio em mim

Mônica de Castro

A atriz - edição revista e atualizada
Apesar de tudo...
Até que a vida os separe
Com o amor não se brinca
De frente com a verdade
De todo o meu ser
Gêmeas
Giselle – A amante do inquisidor - nova edição
Greta
Jurema das matas
Lembranças que o vento traz
O preço de ser diferente
Segredos da alma
Sentindo na própria pele
Só por amor
Uma história de ontem - nova edição
Virando o jogo

Mônica de Castro

A atriz - edição revista e atualizada
Apesar de tudo...
Até que a vida os separe
Com o amor não se brinca
De frente com a verdade
De todo o meu ser
Gêmeas
Giselle – A amante do inquisidor - nova edição
Greta
Jurema das matas
Lembranças que o vento traz
O preço de ser diferente
Segredos da alma
Sentindo na própria pele
Só por amor
Uma história de ontem - nova edição
Virando o jogo

Conheça mais sobre espiritualidade e emocione-se com outros sucessos da Vida & Consciência.
www.vidaeconsciencia.com.br

ACTV

Alma e Consciência TV.
Uma maneira moderna e prática de se conectar com a espiritualidade.
Acesse: www.almaeconscienciatv.com.br

FIQUE POR DENTRO DE NOSSAS REDES SOCIAIS!

/vidaeconsciencia
/zibiagasparettooficial

@vidaconsciencia
@zibiagasparetto

VIDA & CONSCIÊNCIA
GRÁFICA

Rua Agostinho Gomes, 2.312 – SP
55 11 3577-3200

grafica@vidaeconsciencia.com.br
www.vidaeconsciencia.com.br